高校生のための
現代文ガイダンス

ちくま評論文の読み方

五味渕典嗣
塚原政和
吉田 光
編

筑摩書房

高校生のための現代文ガイダンス

ちくま評論文の読み方

目次

第一部

第二部

この本の構成と使い方

本書は、高等学校で学習する「評論文」をはじめて学ぶ人たちのための入門書です。本書では、高等学校の「評論文」で扱う代表的なテーマや、特徴的な構成の型を備えた入門レベルの「評論文」を精選して掲載しました。

●本書の構成

文章の難易度によって第一部・第二部に分けました。

〈第一部〉 概ね中学卒業から高校入学レベルの文章を七本掲載しました。中学校を卒業してから高等学校入学までの間に、「評論文」に慣れるために最適の教材を精選しました。高校入学前に一読しておくことをお勧めします。

また、第一部では、文脈をたどる上で重要な接続詞に注意を促すため、接続詞に傍線を付して、その種類を示しました。

例 だから→順接・しかし→逆接・また→並列・つまり→換言

〈第二部〉 概ね高校一年レベルの文章を七本掲載しました。高校入学後に「評論文」読解のトレーニングをするのに最適です。やや難解な文章も掲載していますので、文章とじっくり向き合って、丁寧に読解していく姿勢が必要です。

●本書の使い方

①**リード** 本文を読むにあたって理解しておいてほしい問題意識や背景・語句などについて記しました。

②**この語に注目** 各評論を読む上で重要な語を示しました。

③**トピック** 本文を読むにあたって理解しておいてほしいキーワードについて解説しました。

④**段落番号** 形式段落を番号（1 2 3……）で示しました。

⑤**脚注** 難解な語句・外来語・固有名詞に脚注を付しました。

⑥**脚問** 文脈をたどる上で押さえておきたい語句の意味や指示語の指示内容などについて、本文中に❶❷❸……の番号で示し、問題を脚注欄に示しました。

⑦**重要語彙** 本文中の成句・慣用句に＊印を付し、さらに重要な語彙を抽出して、見開きのページごとに整理しました。

⑧**レッツ・トライ！** 本文の内容や構成が理解できたかどうかを確認するための問題を各文章末に掲載しました。

⑨**評論の型をとらえよう！** 文章構成を図解で示しました。

⑩**表現と構成** 「評論の型をとらえよう！」で示した文章構成図解を補足し、注意すべき表現について示しました。

⑪**ココがポイント！** 読解する上でポイントとなる文や表現について、「Q&A」方式で解説しました。

⑫**要約してみよう** 空欄補充による百字要約文を掲載しました。

⑬**評論文キーワード** 評論文頻出の用語を簡潔に解説しました。

⑭**別冊解答集** 各文章の「脚問」「レッツ・トライ！」「要約してみよう」の解答（解答例）を示し、必要に応じて解説を示しました。また、各文章の「著者紹介」を人物・出典・主な著作などについて示しました。

第一部

コミュニケーション

ちゃぶ台か、テーブルか

平田《ひらた》オリザ

まずは、文章の全体を眺めてみよう。その文章の「トピック＝話題」は何か。その「トピック」に対し、どんな具体例が挙げられているか。そこから筆者は、どんな主張を導き出しているか。評論文では、ちょっとした日常の一シーンも、言葉とコミュニケーションをめぐる新たな考えのヒントになっていくのだ。

1 私がオーディション[1]で採用する俳優には、三つのタイプがあるように思う。

2 ひとつは、私に近いコンテクスト[2]を持っている俳優。

3 もうひとつは、コンテクストを自在に広げられる俳優。

4 （順接）そして最後に、非常に不思議なコンテクストを持っている俳優。

5 （転換・列挙）さてまず、論を進める前に、■1 ここで使われている「コンテクスト」という言葉を解説しておかなければならないだろう。

6 「コンテクスト」とは、直訳すれば「文脈」のことであり、「その単語はどういうコンテクストで使われたの？」などというのが一般的な使用法である。（逆接）だが、言語学の世界では、これをもう少し広い意味で使うようだ。ここでいう「コンテクスト」とは、この広い意味のコンテクスト、一人ひとりの言語の内容、一人ひ

この語に注目

〈重要語〉
▼一人ひとりの言葉

〈対比〉
▼共通のコンテクスト↕独自のコンテクスト

トピック

方言 ある言語において、特定の地域で使用される、標準語とは異なった言葉のこと。一般的には、大きな地域ごとに区分された「〜弁」（東北弁・関西弁など）とも呼ばれるが、日本語の場合、山地の多い地理的条件や江戸時代の幕藩体制の影響から、狭い国土に多様な方言が存在している。そのような地理的方言のほかに、広義には、年齢や性別・職業によって生じた言葉の変種のことをさす場合もあり、そのようなものを「社会的方言」と呼ぶ。

とりが使う言語の範囲といったものと考えてもらいたい。

7 まず［列挙］私たちは、普通、自分がある言葉によって表明した考えや物事は、他人も同じ言葉によって表明すると考えがちである。例を挙げて考えてみよう。

8 ここに、少し脚の高いちゃぶ台[3]がある。私はいま、ちゃぶ台と書いたが、さて、これを、あなたはなんと呼ぶだろうか。机と呼ぶ人もいるだろう。テーブルと呼ぶ人もいるだろう。[問2] こういった一人ひとりの言葉の相違を「コンテクストのずれ」と私は呼んでいる。

9 たとえば［例示］、新婚間もない男性が、その「ちゃぶ台のようなもの」を必要としていて、新妻に、

10 「ねえ、あのちゃぶ台持ってきてくれないかな。」

と言う。妻は、

11 「え、ちゃぶ台なんて、うちにないでしょう。」

と答える。夫は少しイライラして、

12 「ほら、あの、ちょっと脚の高い。」

13 「あぁ、あのテーブルね。」

14 「うん、そうそう。」

15 「ちゃぶ台じゃ分かんないわよ。」

16 「ちゃぶ台だろう、あれは。テーブルっていうのはもっと高いんだよ。」

1 **オーディション** 歌手や俳優などを登用するときに行われるテスト。［英語］audition

2 **コンテクスト** 「コンテキスト」とも。［英語］context

問1 「ここ」とは、どこをさすか。

3 **ちゃぶ台** 四本脚の、低い食事用の台。

問2 「こういった」とは、どのようなことか。

〈自在〉〈文脈〉〈表明〉〈相違〉

17「何言ってんのよ。ちゃぶ台っていうのは、もっと全然低いんでしょう。」

18「違うよ。高い低いの問題じゃなくて、座って茶を飲むのはちゃぶ台なんだよ。」

19「高い低いの問題を言ったのは、あなたでしょう。」

20「どうして、そう君は、ああ言えばこう言うんだ。」

21「あなたの方こそ、何よ。結婚するまでは、もっと私のことを理解してくれたのに。」となんだか夫婦は危機的状況に陥るのである。結婚したことのある人なら、*一度ならず、このような経験をしているだろう。これは、人それぞれに、何をちゃぶ台と呼び、何をテーブ

ルと呼ぶかが違うからである。そしてさらに（添加）人は、自分がちゃぶ台と呼んでいるものは、他人もちゃぶ台と呼ぶだろうと考えている。これは当たり前のことだ。だって、[3]そうでなければ、私たちは言語によるコミュニケーションを、最初からあきらめなければならないのだから。

22 こういった一人ひとりの言語の使用法も、広い意味での「コンテクスト」である。

23 ただ、（補足）ここでは、新婚だから問題があるのであって、これが長年連れ添った夫婦だと、こういうことは起こらない。この「ちゃぶ台のようなもの」をどう呼ぶか、家族のなかに、新しい共通のコンテクストが生まれてくるからだ。こうして私たちは、個人を起点に、家族、会社、学校、地域など様々な社会の単位で共通のコンテクストを創り上げ、言語によるコミュニケーションを可能にしている。さらに、（添加）その単位を大きくしたものが、「方言」であり、各国固有の「言語」であるといえるだろう。

24 それぞれの文化、それぞれの言語に独自のコンテクストがあるように、ある（選択）いは、ある地方、ある方言に、独自のコンテクストがあるように、一人ひとりの使う言葉にも、独自のコンテクストがあるのではないだろうか。

問3 「そう」とは、どのようなことをさすか。

〈独自〉
＊一度ならず

レッツ・トライ！

1　「これが長年連れ添った夫婦だと、こういうことは起こらない」（九・7）**とあるが、それはなぜか。最も適切なものを次の中から一つ選び、記号で答えなさい。**

(ア)　途中から違う話題に発展して、会話が混乱することがないから。
(イ)　相手のことを考えて、わかりやすく説明することを心がけるようになるから。
(ウ)　意思の疎通がうまくいかないことに慣れて、誤解が生じるのは当然だと思っているから。
(エ)　言葉とその指している内容に、夫婦の間で共通理解が成立しているから。

2　本文の内容と合致するものを次の中から一つ選び、記号で答えなさい。

(ア)　筆者が採用する俳優は、自分の言葉遣いに気を配り、相手に誤解を与えないようにする人である。
(イ)　人は、ある言葉とそれによって表明された考えや物事の関係は、誰でも共通していると思っている。
(ウ)　ある物をどのように表現するかは人によって違うので、誤解のないように注意を払うべきである。
(エ)　各国固有の言語や方言に独自性があるのだから、個人の言語使用でも独自性を忘れてはならない。

3　本文の構成について述べたものとして最も適切なものを次の中から一つ選び、記号で答えなさい。

(ア)　1～4は、身近な話題を提示し、「コンテクスト」をめぐる筆者の立場を明らかにしている。
(イ)　6では「コンテクスト」をいったん定義し、後の論の展開に関係する問題提起をしている。
(ウ)　21は8以降の具体例の要点をまとめ、7で述べた内容をわかりやすく解説している。
(エ)　23ではここまでの内容を整理して結論を述べ、24でもう一度結論の念押しをしている。

読み方ステップ…❶

問題提起を探そう

みなさんはこれまでにも説明文・意見文・報告文など、いろいろな文章にふれてきたことでしょう。しかし「評論」と聞くと、途端に「何が違うの」「難しそう」などと考えて、身構えてしまうのではないでしょうか。しかし、恐れる必要はありません。**基本的にはみなさんがこれまでに読んできた文章たちと同じ**なのです。

つまり、筆者が、取りあげた**話題（主題）**について**問題提起**をし、**説明**をした後、**結論**を述べた文章と考えておけば十分なのです。ですから、まずは「この文章の話題・問題は何だろう」**（問題提起）**、「何について書かれているのだろう」**（主題）**、「何が言いたいのだろう」**（結論）**がつかめれば、大丈夫。また、ゆっくりでいいので「どう書かれているのか」**（表現）**や「段落の組み立て方や全体の流れ」**（構成）**についても意識していきましょう。内容がより適切に理解できるようになります。こうしたこともこれまで読んできた説明文などと同じですね。

第一部では実際の評論を読みながら、どういう風に読むのかという**「読み方」**について学んでいきましょう。

「評論」はたいていの場合、最初の方で「この文章ではこういう問題（話題）について考えますよ」という宣言をします。これが**問題提起**です。

問題提起と聞くと、「〜のはなぜか」のように、**疑問文**の形で書かれているものだ、と思うかもしれません。しかし**問題提起は疑問文で書かれているとは限らない**のです。ここでの「問題」は「話題」のこと。**問題提起とは「話題を示すこと」**と同じです。

実際に「ちゃぶ台か、テーブルか」を見てみましょう。問題提起は「私たちは、普通、自分がある言葉によって表明した考えや物事は、他人も同じ言葉によって表明すると考えがちである。」（七・2）という部分で、疑問文ではありません。「私たちが考えがちなこと」について問題にしますよ、と示しているわけです。その後、「ちゃぶ台」を例に説明が続き、最後に「一人ひとりの使う言葉にも、独自のコンテクストがあるのではないだろうか。」（九・15）という**結論**になります。これは「〜と考えがちである（問題提起）。けれども、そうじゃないんだ（結論）」と問題提起に対応して書かれているのです。「評論」を読んで最初にすることは、**問題提起を探すこと**。筆者の**問題提起**に対応するのが**結論**です。

評論の型をとらえよう！

導入 〈1〜6〉

筆者が採用する俳優 1

が自分に近い 2
を自在に広げる 3
が不思議 4

コンテクスト

＝一人ひとりの言語の内容・範囲（≠文脈）〈5 6〉

展開 **言葉——考え・物事の関係** 〈7〜23〉

例
夫「ちゃぶ台」≠ 妻「テーブル」 ← 少し脚の高いちゃぶ台 〈8〜21〉

自分と他人は同じと考える → 言語によるコミュニケーション可能 〈7 21〉
↔
一人ひとり違う ＝ **コンテクスト**のずれ 〈8 22〉
⇩
共通のコンテクスト 23 ↔ 独自のコンテクスト

結び 〈24〉

文化・言語、地方・方言に独自の**コンテクスト**
←
一人ひとりの言葉にも独自の**コンテクスト**

表現と構成

冒頭の1〜4では、筆者の仕事にまつわる話題から、**「コンテクスト」**という本文におけるキーワードが導き出され、5 6で通常の意味とは異なる定義づけ（「一人ひとりの言語の内容・範囲」）がされている。

続く7〜21では、「言葉と考えや物事との関係」について、人は他人も同じようにとらえていると思って言語によるコミュニケーションを行っているが、実はとらえ方は各々異なり、ずれているという**問題提起**が、劇作家らしい会話の具体例で示される。21は7の具体的な解説で、22は6の簡潔なまとめ。23では、これまでのコンテクストのとらえ方と対照的な「共通のコンテクスト」が話題となるが、これは結びの24で、22までの内容をまとめた**「独自のコンテクスト」**につなげるためである。

23では「個人を起点に、家族、会社、学校、地域など……」と次第に対象を広げ、さらに「方言」「言語」にまで単位を大きくして「共通のコンテクスト」について述べられているのに対し、24では「文化」「言語」から「地方」「方言」と逆順にたどって、「一人ひとり」の「独自のコンテクスト」で結ばれていることに注意する。

ココがポイント！

Q 「こういった一人ひとりの言語の使用法も、広い意味での『コンテクスト』である。」（九・5）**と あるけれど、「狭い意味」と「広い意味」で「コンテクスト」はどう違うの？**

A まず狭い意味は、本文⑥に「『コンテクスト』とは、直訳すれば『文脈』のこと」とあるように、**「文脈」**という意味です。「文脈」とは、文中での語の意味の続き具合や、文と文とのつながり具合のことで、**「コンテクスト」**も**「文脈」**も、本来は「文章」に関する言葉です。広い意味は、これも⑥に「ここでいう『コンテクスト』とは、この広い意味のコンテクスト、一人ひとりの言語の内容、一人ひとりが使う言語の範囲といったもの」とあるように、**「個人の言語の使用法」**という意味です。英語の「コンテクスト」は、比喩的に「背景」という意味でも使われますが、日本語の「文脈」にも同様の用法があります。英語と日本語で用法が共通しているのは面白いですね。

●要約してみよう

◆次の空欄を埋めて百字以内で要約を完成させよう。

「コンテクスト」という言葉は、「（　Ａ　）」という意味を持つ。言語によるコミュニケーションは、（　Ｂ　）で可能になるが、（　Ｃ　）があると言える。

【**要約のヒント**】「コンテクスト」の広い意味は⑥と㉒に述べられているので、（Ａ）はいずれかの表現を用いるとよい。（Ｂ）は、㉑の「そうでなければ、……あきらめなければならないのだから。」と、㉓の「こうして私たちは……可能にしている。」に着目する。（Ｃ）は、㉔から結論となる部分を入れる。

▼▼評論文キーワード

●**コミュニケーション**　人間が互いに感情・意思・思考などを、言語や身振りなどを通じて伝達し合うこと。単なる情報の伝達ではなく、気持ちの通じ合いや意思の疎通があってはじめて、コミュニケーションは成立する。

生命

雑草の戦略

稲垣栄洋《いながきひでひろ》

「逆説」という表現の手法がある。「急がば回れ」のように、「一見矛盾しているように見えるが、実は物事の真相を言い表しているような表現」のことだ。この文章の筆者は、逆説的な表現を使って、雑草の特質を解説している。文章中の具体例に注意しながら、強くて弱い雑草たちの「戦略」に迫ってみよう。

1 「柔よく剛を制す」という言葉がある。

2 見るからに強そうなものが強いとは限らない。柔らかく見えるものが強いことがあるかも知れないのである。

3 昆虫学者として有名なファーブル[1]は、じつは『ファーブル植物記』もしたためている。その植物記のなかで、ヨシ[2]とカシ[3]の木の物語が出てくる。

4 ヨシは水辺に生える細い草である。ヨシは突風に倒れそうになったカシの木にこう語りかける。カシはいかにも立派な大木だ。しかし[→逆接]、ヨシはカシに向かってこう語りかける。

5 「私はあなたほど風が怖くない。折れないように身をかがめるからね。」

6 日本には「柳に風」ということわざがある。カシのような大木は頑強だが、

この語に注目
〈対比〉
▼強い↔弱い

トピック
雑草　人間の栽培する以外の、自然に生える草のこと。被子植物の中でもイネ科・キク科のものが多い。草は白亜紀の終わり頃（約七〇〇〇万年前）に木から進化したが、雑草はその中でも最近のものと言われる。「たくましい存在」のたとえにもなるが、実際は小型のものが多く、日光を巡る他の植物との生存競争には弱い。オオバコ、ヒメムカシヨモギ、カタバミなど。

1 **ファーブル**　Jean Henri Fabre 一八二三―一九一五年。フランスの昆虫学者。

2 **ヨシ**　イネ科の多年草である。アシの別称。水辺に群生する。

強風が来たときには持ちこたえられずに折れてしまう。ところが〔逆接〕、細くて弱そうに見える柳の枝は風になびいて折れることはない。弱そうに見えるヨシが、強い風で折れてしまったという話は聞かない。柔らかく外からの力をかわすことは、強情に力くらべをするよりもずっと強いのである。

7 柔らかいことが強いということは、若い読者の方にはわかりにくいかも知れない。正面から風を受け止めて、それでも負けないことこそが、本当の強さである。ヨシのように強い力になびくことは、ずるい生き方だと若い皆さんは思うことだろう。

8 しかし〔逆接〕、風が吹くこともまた自然の摂理である。風は風で吹き抜けなければならない。自然の力に逆らうよりも、自然に従って自分を活《い》かすことが大切である。

9 [1]この自然を受け入れられる「柔らかさこそ」が、本当の強さなのである。

10 オオバコ[4]は、柔らかさと硬さを併せ持って、踏まれに強い構造をしている。

11 しかし、オオバコのすごいところは、踏まれに対して強いというだけではない。

12 オオバコの種子は、雨などの水に濡《ぬ》れるとゼリー状の粘着液を出して膨張する。そして〔添加〕、人間の靴や動物の足にくっついて、種子が運ばれるようになっているのである。オオバコの学名は*Plantago*。これは、足の裏で運ぶという意味である。タンポポが風に乗せて種子を運ぶように、オオバコは踏まれることで、種

3 カシ シラカシ・アラカシなどのブナ科常緑高木の総称。

問1 「この自然を受け入れられる」とあるが、これと反対の意味で用いられている語句を、6から抜き出せ。

4 オオバコ オオバコ科の多年草。柔らかい葉の中に硬い筋を持ち、傷つきにくくちぎれにくい。また、硬い茎の内側は柔らかいスポンジ状になっていて、切れにくくしなやかになっている。

子を運ぶのである。

13　よく、道に沿ってどこまでもオオバコが生えているようすを見かけるが、それは、種子が車のタイヤなどについて広がっているからなのだ。

14　こうなると[2]、オオバコにとって踏まれることは、耐えることでも、克服すべきことでもない。もはや踏まれないと困るくらいまでに、踏まれることを利用しているのである。

15　「逆境をプラスに変える」というと、「物事を良い方向に考えよう」というポジティブシンキング[5]を思い出す人もいるかも知れない。

16　しかし、雑草の戦略は、そんな気休めのものではない。もっと具体的に、逆境を利用して成功するのである。

17　たとえば（例示）、雑草が生えるような場所は、草刈りされたり、耕されたりする。ふつうに考えれば、草刈りや耕起[6]は、植物にとっては生存を危ぶまれるような大事件である。しかし、雑草は違う。草刈りや耕起をして、茎がちぎれちぎれに切断されてしまうと、ちぎれた断片の一つ一つが根を出し、新たな芽を出して再生する。つまり（換言）、ちぎれちぎれになったことによって、雑草は増えてしまうのである。

18　また、きれいに草むしりをしたつもりでも、しばらくすると、一斉に雑草が芽を出してくることもある。じつは、地面の下には、膨大な雑草の種子が芽を出すチャンスをうかがっている。一般に種子は、暗いところで発芽をする性質を持

オオバコ

問2　「こうなると」とはどうなることか。

5 **ポジティブシンキング**　［英語］positive thinking

6 **耕起**　農業において、種まきに先立って土を掘り返したりして耕すこと。

っているものが多いが、雑草の種子は光が当たると芽を出すものが多い。

19 草むしりをして、土がひっくり返されると、土の中に光が差し込む。光が当たるということは、ライバルとなる他の雑草が取り除かれたという合図でもある。そのため（順接）、地面の下の雑草の種子は、チャンス到来とばかりに我先にと芽を出し始めるのである。

20 こうして、きれいに草取りをしたと思っても、それを合図にたくさんの雑草の種子が芽を出して、結果的に雑草が増えてしまうのである。

21 草刈りや草むしりは、雑草を除去するための作業だから、雑草の生存にとっては逆境だが、雑草はそれを逆手*に取って、増殖してしまうのである。何というしつこい存在なのだろう。

22 ３ そんなしつこい雑草をなくす方法など、あるのだろうか。

23 じつは、一つだけ雑草をなくす方法があると言われている。それは、あろう*ことか「雑草をとらないこと」だという。

24 雑草は、草刈りや草取りなど逆境によって繁殖する。草取りをやめてしまえば、雑草だけでなく、さまざまな植物が生えてくる。そうなると、競争に弱い雑草は、立つ*瀬がない。だんだんと大きな草が生え、やがて、灌木《7かんぼく》が生えてくる。そして、長い年月を経て、森となっていくのである。人の手が入らなければ、い

問3 「そんなしつこい雑草」とあるが、どのような点が「しつこい」のか。

7 **灌木** 低木の古い言い方。幹と枝の区別がなく、根本からいくつも枝が出てほうきを立てたような形になる。ツツジやサザンカなど。

〈逆境〉〈戦略〉
〈気休め〉〈具体的〉
〈結果的〉

＊逆手にとる
＊あろうことか
＊立つ瀬がない

わゆる「遷移[8]」が起こるのである。競争に弱い雑草は、大型の植物や木々が生い茂る場所では、生存することができない。そして、ついに雑草はなくなってしまうのである。

25 本当に雑草は弱くて強い存在であり、また強くて弱い存在なのだ。

8 **遷移** 生物学用語。草原が森林となっていくように、植物群落が時間の経過とともに一定の方向へ変化していくこと。

レッツ・トライ！

1 本文の内容と合致するものを次の中から一つ選び、記号で答えなさい。

(ア) 本当の強さとは、強い力になびくことなく、正面から受け止めた上で、それでも負けないことである。

(イ) 本当の強さとは、自然の摂理に逆らって生きるのではなく、その摂理に従って自分を活かすことである。

(ウ) 本当の強さとは、力で負けないように頑強さを誇ることではなく、細くて弱そうに見せることである。

(エ) 本当の強さとは、外からの強い力を柔らかくかわすことで、逆境に陥らないように生きることである。

2 本文の構成について述べたものとして最も適切なものを次の中から一つ選び、記号で答えなさい。

(ア) 1～9でヨシの強さを述べた後、雑草の戦略が「本当の強さ」であることを解説し、22～25でその強さも実に簡単な方法でもろく崩れることを示し、雑草は強くも弱くもないと結論づけている。

(イ) 1～9で「本当の強さ」について述べた後、10～21でしつこい存在であるオオバコを具体例として雑草の強さを解説し、22～25では雑草の弱点に触れるものの、結局は雑草の強さを強調する形で結んでいる。

(ウ) 1～9でヨシの強さを述べた後、10～14でヨシ以上にすごいオオバコの姿を伝え、15～21で雑草全体のしつこさを解説するが、22～25では強そうな雑草も結局は競争に負ける弱い存在だと結んでいる。

(エ) 1～9で「本当の強さ」について述べた後、10～21で逆境を利用して成功する雑草の強さを取り上げ、22～25では雑草の弱さに触れた上で、強さにはさまざまな側面があることを暗示して結んでいる。

読み方ステップ…❷

常識を疑おう・語句の意味は文脈で

【常識を疑おう】

かつて「地球は止まっていて、宇宙が動いているのだ。」と信じられていた時代や、女性には選挙権がなかった時代がありました。いずれもその時々の、その地域の人々にとっての常識でした。どうも私たち人間は、自分が生まれた土地や時代の考え方を当たり前だと思いこむ生き物のようです。ですから現代人である私たちだけが公平で、客観的にふるまえるわけではありません。私たちもまたさまざまな「偏見」の中にいるのです。だからこそ多くの評論は**現代の常識や社会の現状を疑って書かれています**。「ちゃぶ台かテーブルか」（六ページ）の問題提起が「私たちが考えがちなこと」だったことを思い出してください。「考えがちなこと」とは、すなわち**常識**です。「雑草の戦略」でも、視点を変えることで「**弱い**」と「**強い**」の意味が入れかわるという、一見すると**非常識**な見方が出てきましたね。評論を読むには、自分のなかの、あるいは社会の中の**あらゆる常識を疑う勇気**が必要です。

【語句の意味は文脈で】

どんな語句でも意味は辞書に載っています。しかし評論では、筆者がその語句を辞書の意味通りに使うとは限りません。**むしろ筆者がキーワードとしている語句ほど、多くの場合、辞書の意味からずらされて、独自の意味が与えられています**。

「雑草の戦略」の問題提起となる一文を見てみましょう。「柔らかく見えるものが強いことがあるかも知れない」（一四・2）とありますが、「柔らかい」という語句自体に、「強い」という意味はありませんよね。ここで筆者は、辞書にはない「強い」という意味を「柔らかい」という語句に加えますよ、という宣言をしているのです。

また、特定の語に**辞書とは違った意味を持たせて使う場合には「　」をつけて注意を促す**こともよくあります。

私たちが毎日、何気なく使っている当たり前の言葉に揺さぶりをかけていく。これは「常識を疑う」ということともちょっと似ていますね。ですから評論では、**語句の意味はあくまでも文脈（コンテクスト）で判断しなければなりません**。「ちゃぶ台か、テーブルか」の結論を思い出してください。一人ひとりが使う**言葉には独自のコンテクストがある**のです。

評論の型をとらえよう！

導入〈1～9〉

・「柔よく剛を制す」→ ヨシ／カシ

・柔らかく力をかわすことは強情に力くらべをするよりずっと強い ……（若い読者）

◎自然の摂理に逆らうよりも自然に従い自分を活かす ＝ **本当の強さ**

展開〈10～21〉

◎自然を受け入れられる「柔らかさ」

・オオバコ→踏まれることを利用して種子を運ぶ

◎雑草の戦略

・草刈りや耕起――切断された茎から芽を出す

・草むしり――土の中に光が差すことで種子が芽を出す

弱くて強い存在

◎生存にとっての逆境を逆手に取って増殖する

発展〈22～24〉

強くて弱い存在

・雑草をなくす方法＝雑草をとらない→遷移

◎競争に弱い雑草は大型植物が生い茂る森では生存できない

結論 25

◎雑草は 弱くて強い存在 であり、また 強くて弱い存在 なのだ

表現と構成

1～9で、ヨシとカシの物語を例に、「自然を受け入れられる柔らかさ」が「本当の強さ」だと提示される。10～21では、オオバコが踏まれることを利用して繁殖していること（10～14）、さらに雑草が生存に関わる逆境を逆手に取って増殖すること（15～21）が具体的に説明され、雑草の「弱くて強い」側面が展開されている。22～24では、雑草をなくす方法の提示を通して、雑草の「強くて弱い」側面が明らかにされる。最後の25で、雑草は「弱くて強い存在であり、また強くて弱い存在」だと結ばれている。

評論文の最終部でそれまでと異なった内容がつけ加えられた場合、その部分が単なる補足説明なのか、文章全体の主題に関わるのか、判断が難しい場合がある。そのような場合、それ以前の部分と深く呼応しているかどうかを目安にしてみよう。この文章は、24「大型の植物」が3「カシ」と呼応し、25「本当に雑草は弱くて強い存在であり、また強くて弱い存在」は9「本当の強さ」と呼応している。つまり主題である「雑草の戦略」について、冒頭部へ循環する構成になっていると言える。

ココがポイント！

Q **「本当に雑草は弱くて強い存在であり、また強くて弱い存在なのだ。」（一八・4）ってどういうこと？**

A この文章の面白さは、22〜24がつけ加えてあるところにあります。これらの段落がなければ、「雑草は弱くて強い存在なのだ」という結論で終わりです。ところが、この文章はこれで終わりません。雑草をそのままにすることが、雑草には生存しにくい環境になることが述べられます。そんな環境で最終的に生い茂る植物とは何でしょうか？　そう、3〜7で登場したカシのような頑強な植物です。実はカシも「自然に従って自分を活かす」存在なのです。従って、「本当の強さ」とは、単に見かけが柔軟であることだけをさすのではなく、「自然の摂理」に従って自分を活かすという、もっと大きな視野で述べられていることになります。この文は、文章全体のまとめでありながら、読者に「本当の強さとは何か」を考えさせていると言えるでしょう。

●要約してみよう

◆次の空欄を埋めて要約を完成させよう。（百字以内）

競争に弱い雑草の戦略とは、（　A　）ことである。
そこには、（　B　）、つまり（　C　）がある。

【要約のヒント】（A）には「雑草の戦略」がどのようなものかを説明する表現が、（B）（C）には雑草のあり方を意味づけた表現が入る。「雑草の戦略」の具体的説明は、16〜21にある。（A）ではその部分のまとめであり16・21を中心にしてまとめる。雑草のあり方を意味づけた結論は25であり、それは8・9と呼応している。（C）には（B）を簡潔にまとめた語句が入ることを考慮しながら、（B）には8・9の表現をまとめて入れよう。

▼評論文キーワード

●摂理　ものごとの道理、法則、すじみちのこと。客観的な正しいあり方というニュアンスで用いられることが多く、ものごとの深層部に目を向け、論理的に意味づけようとする評論では、よく使われる用語である。

歴史

建築はあやしい

木下直之《きのしたなおゆき》

評論文のタイトルには、しばしば「謎」が含まれている。なぜ「あやしい」のか？　何がどう「あやしい」のか？　こうした「謎」は、問いかけとして、文章を読む上での重要な視点となるだろう。ひとつの建物がどのように歴史的な遺産となっていったかというプロセスを追いかけながら、筆者の主張を読み取ろう。

1　そんな馬鹿な、と思われるかもしれないが、もし原子爆弾が広島でも長崎でもなく東京に投下され、東京大空襲にまさる被害を受け、爆風の関係でたまたま東京駅のドームが半壊状態となり、戦災復興が進んでゆくなかでそのまま残されていたとしたら、誰かがそれを「原爆ドーム」と名づけて、原爆の被害を忘れないために保存を呼びかけ、やがては加害者であるアメリカの反対を押しきって、ユネスコ[1]の世界遺産のうち自然遺産ではなく文化遺産のほうに登録されるということは十分におこり得ただろう。

2　なぜなら[理由]、広島の原爆ドームもはじめから原爆ドームであったわけではなく、ここで述べたようなプロセスを経て、原爆ドームへと成長してきたからだ。

3　[1]広島のそれは物産陳列館（のちに産業奨励館）であった。チェコ人建築家ヤ[2]

この語に注目

〈重要語〉

▼本来の姿／破壊／復元

トピック

原爆ドーム　広島市中区の元安川左岸にあった旧広島県産業奨励館。ヤン・レッル設計のエキゾチックで印象的なドームを持つ建物であった。一九四五年八月六日、この建物の南東五十メートル地点に投下された原爆により、ドームの鉄骨がむき出しになる。戦後、被爆都市ヒロシマの象徴として、当時の惨状を後世に伝えるために保存され、一九九六年、世界遺産（文化遺産）に登録された。

1 **ユネスコ**　国際連合教育科学文化機構の略称。教育・科学・文化を通じて諸国民間に協力を促し、世界の平和と繁栄に貢献することを目的とし、

ン・レツルのデザインになる目立つ建物ではあったが、広島の町でひとり特権を与えられた建物ではない。原爆が炸裂《さくれつ》して、広島が廃墟《はいきょ》と化したあとでもなおそうだった。半壊の建物はいくつもあった。二年めの夏、一九四七年八月に広島平和祭[3]協会によって「原爆十景」が選定されたときにも、壊れた物産陳列館はそこに含まれていない。このときに選ばれた十景は、頼山陽[4]記念館の屋根から落下しなかった瓦や広島市役所の焼けなかった防火暗幕など、いわば奇蹟《きせき》がおこった場所である。したがって[順接]、物産陳列館が爆風に耐えてびくともしなかったのであれば、当然選ばれただろう。

4 やがて、この建物は平和ドームついで原爆ドームと呼ばれるようになる。原爆ドームの初出は一九五〇年だという。ところが[逆接]そ

原爆ドーム

世界遺産の登録も行う。世界遺産は、優れた普遍的価値を持つ資産のことで、文化遺産・自然遺産・複合遺産の三種がある。［英語］United Nations Educational Scientific and Cultural Organization の略

問1 「広島のそれ」とは、具体的に何をさすか。

2 **ヤン・レツル** Jan Letzel 一八八〇―一九二五年。オーストリア・ハンガリー帝国（現チェコ共和国）の彫刻家。

3 **広島平和祭** 毎年、八月六日に広島市の広島平和記念公園で開催され、原爆の犠牲になった人々の鎮魂と、平和への祈念が執り行われる。後に広島平和記念式典となる。

4 **頼山陽** 一七八〇―一八三二年。安芸国（現広島県）の儒者・歴史家。頼山陽記念館は原爆投下地点から四百メートルに位置した。現在は頼山陽史跡資料館となっている。

の二年後の五二年八月六日に、GHQ[5]の検閲から解放されてはじめて発行された岩波写真文庫『広島　戦争と都市一九五二』には、落書きだらけの（大半がアルファベットであり、おそらく広島を訪れたアメリカ人によって刻まれている）平和ドームの写真を掲載しているから、神聖不可侵の建物となるにはまだまだ遠い道のりにあった。

5　原爆ドームの特権化は、原爆ドームを起点に広島平和記念公園がデザインされたことで方向づけられた。❷これにより原爆ドームと原爆慰霊碑[6]と広島平和記念資料館とは同一線上に並んだが、だからといって原爆ドームの保存が決まったわけではなく、何度か崩壊の危機が指摘され、何度かの応急的な修復工事が募金によって行われた。❸というのは〔理由〕、この半壊の（実際には全壊だが倒壊はしなかった）建物は文化財として保護されてきたわけではなかったからだ。物産陳列館のままであればともかく、ほとんど壁だけの姿と化した建物に建築史的価値はほとんどない。

6　原爆ドームは別の観点から評価された。まず反戦平和と核廃絶のシンボルとしての役割が与えられ、ついで〔添加〕戦争遺跡という考え方に迎えられた。むろん一九九六年の世界遺産への登録はこの延長線上にあるが、そのための前提条件として国内法による保護が必要だった。長いあいだ保護の手を差し伸べなかった国が、被爆五〇周年を機に文化財保護法[7]を適用して、原爆ドームを史跡に指定したのは

5 **GHQ**　第二次大戦後、日本に置かれた連合国最高司令官総司令部の略称。一九五二年廃止。［英語］General Headquarters の略

問2　「これ」とは何をさすか。

6 **原爆慰霊碑**　広島平和記念公園内に設置されている、原爆の犠牲者を慰霊する石碑。通称は「原爆死没者慰霊碑」だが、正式名称は「広島平和都市記念碑」。

問3　「というのは、〜からだ。」は、何の理由を示す一文になっていると言えるか。

7 **文化財保護法**　文化財を保護し、国民の文化の向上に貢献することを目的とした法律。一九五〇年に制定。

[4] このためである。建造物として保護下に入ったのではないので念のため。

7 こんなふうに建物は建物であることをやめたあとでもなお意味を与えられ、生かされつづける。破壊されたがゆえに（順接）生じた意味であり、[5] それを保持するためには破壊の状態を保存しなければならない。とはいえ、かつて壁一面にびっしりと刻まれた落書きはきれいに消されている。ここでもまた、（並列）何を本来の姿と考えて復元するのかが問われる。

8 建築という抽象的な言葉を口にすると、実在する建物のあやしさが見えなくなると思いつつ、建築概念にゆさぶりをかけながら、とうとう、かろうじて*立ちつづける壁へと至った。しかし、（逆接）それは単に破壊の爪痕を残す壁ではない。壁が破壊の一瞬前までは建物であり、内部に人が働いていたという現実が、原爆ドームの前に立つと、私の記憶でもないのに突然浮かび上がってくる。壁一枚となってもなお、建物の奥は深い。

問4 「このため」とは、何のためか。

問5 「それ」とは何をさすか。

〈崩壊〉〈前提〉〈抽象〉〈概念〉

＊かろうじて

レッツ・トライ！

1　本文の内容と合致するものを次の中から一つ選び、記号で答えなさい。

(ア)　広島の原爆ドームは、被災直後から特権的な建物として人々に認識されてきた。

(イ)　物産陳列館が「原爆十景」に選ばれなかったのは、爆風に耐えられなかったからである。

(ウ)　原爆ドームは、爆風を受けても全壊しなかった点で建築史的に価値が認められた。

(エ)　建物は、破壊されて建物として機能しなくなったら、保存するべきではない。

2　本文の構成について述べたもので最も適切なものを次の中から一つ選び、記号で答えなさい。

(ア)　[1][2]では、意外性のある仮説を提示し、それに対する解答を示して読者を引き付けている。

(イ)　[3][4]では、出来事を時系列で整理し、テーマについて鋭い問題提起をしている。

(ウ)　[5][6]では、[3][4]で示された仮説について、筆者の想像を交えながら検証している。

(エ)　[7][8]では、[1][2]で示した内容を振り返り、テーマに関する筆者の理想を述べている。

読み方ステップ…❸

具体と抽象――見えるものと見えないもの

「はっきりとした形や内容を持っているもの」を**具体**といいます。「具体的に話して」と言われたら、実例を挙げたりしますよね。**具体**とは、いわば**「目に見えるもの」**です。一方の**抽象**とは「ひとつひとつの事物から共通するある性質を抜き出すこと」という意味。わかりやすく言うと「（いくつかの事物に共通している）**目に見えないもの**」ということです。

評論を読むときには、この**「見えるもの（具体）」**と**「見えないもの（抽象）」**という分け方がとても役に立ちます。評論の主なタイプに、**「具体例から抽象論へ」**型と**「抽象論から具体例を使っての説明へ」**型の二つがありますが、どちらにしろ、「具体」と「抽象」がお互いを説明する関係なのは同じです。つまり**具体も抽象も表現方法が違うだけで内容は同じ**なのです。ですから具体例を見たら、「この例は目に見えないものでどう説明できるかな」と考え（**抽象化**）、目に見えないもの（抽象）が現れたら、「目に見えるもので説明するなら何を使えばいいかな」と考えてみましょう（**具体化**）。するとぼやけていた内容がスッキリつかめるはずです（接続詞には要注意です。**「たとえば」**の後には具体例が、**「つまり」**や**「したがって」**の後には抽象的な文がくることが多いと覚えておきましょう）。

「具体例の方がわかりやすいのに、なぜ抽象化して難しくするの？」と疑問を持つ人もいるかもしれません。実は**抽象化することで「別の具体例に当てはめることができる」**（一般化・概念化できる）ようになるのです。

例えば「建築はあやしい」では、「（広島の）原爆ドーム」という具体例を通じて、『名付け』によって、ものには新しい役割が与えられる」という抽象的な結論が導かれます。**（抽象論）**。筆者は問題提起の部分で「東京に原爆が落ちていたら東京駅のドームが原爆ドームと呼ばれただろう。」と述べています。これは「平和のシンボル」という抽象的な性質を、別の具体例にあてはめてみた場合を言っているのです。また「建物は建物であることをやめた」（二五・2）という表現は「最初の建物（オリジナル＝具体）がオリジナルであることをやめた（抽象化）」ことを示しています。「建築はあやしい」の「あやしさ」の正体は、**目に見えるもの（具体）が目に見えないもの（抽象）になっているところ**にあるわけですね。

●評論の型をとらえよう！

導入 **もし東京に原爆が落とされたら**（仮説）〈[1][2]〉

東京駅のドーム＝原爆ドーム？

↓（理由）**広島の原爆ドーム**

はじめから原爆ドームであったわけではなく（否定）

原爆ドームとして成長した

展開 **物産陳列館から原爆ドームへ**〈[3]～[6]〉

被災前の原爆ドーム

＝広島物産陳列館＝特権的な建物ではなかった。

↓

一九五〇年「原爆ドーム」と呼ばれるようになる。

⇔対比（まだ特権化していない）

一九五二年　落書きだらけ（－）の「平和ドーム」の写真

⇔ **対比**

A 広島平和記念公園のデザイン

＋

B 別の観点からの評価 ｛①反戦平和・核廃絶のシンボル ②戦争遺跡という考え方｝

＝

「原爆ドーム」の特権化（＋）

結論 破壊されたがゆえに生じる建物の意味

↓破壊の状態を保存しなければならない[7]

補足 残された壁から〈私〉の記憶を越えたイメージ

↓建物の奥は深い[8]

●表現と構成

冒頭[1][2]は、もしも東京に原爆が落とされたら、東京駅のドームが「原爆ドーム」と呼ばれたかもしれないという仮説を提示し、その理由を簡潔に説明する。「原爆ドーム」の誕生が実は必然的なものではなかったという論の導入であり、問題提起。

続く[3]～[6]では、物産陳列館が原爆ドームに「成長」してきた過程が対比的に描かれる。まず[3][4]では、被災直後の原爆ドームはその価値が定まっていなかったようすが対比的に描かれ、[5][6]では、平和公園の中の建物のひとつとしてデザインされ、それにあわせて別の観点から光が当てられたことにより、やがて原爆ドームが特権的な建物として認識されるようになった経緯が示される。ここでは原爆ドームの持つ意味が、何がきっかけで大きく変化したのかという因果関係をつかみたい。

[7]は結論。この段落は抽象的な記述になっていることに注意。建物は建物としての機能を失った後も意味を与えられ、生かされつづける。その意味を保持するためにはあえて破壊の状態を保存しなければならないという筆者の主張がある。

ココがポイント！

Q 「広島の原爆ドームもはじめから原爆ドームであったわけではなく、……原爆ドームへと成長してきたからだ。」（二一・8）ってどういうこと？

A 述部にある「成長」という語に注目しましょう。「成長してきた」に対応する主語が、非生物＝原爆ドームになっていることに気がつきましたか。このような表現技法（修辞）を**擬人法**と言います。これにより、原爆ドームが、まるで生物が成長するように時間をかけて、原爆ドームとして人々に認識されるようになったということを示しているのです。

　また、この一文は全体として「AではなくB」の構造になっています。この構文が用いられる時には、しばしば大切な内容はB以降にあります。さらに、文末の「〜からだ」は、この文が、理由説明の一文であることを教えてくれます。このように表現に注目することで、文章全体の内容理解に近づくことができるのです。修辞法については、「読み方ステップ④『引用・逆説・比喩』」（三七ページ）も参考にしましょう。

●要約してみよう

◆次の空欄を埋めて百字以内で要約を完成させよう。

建物は破壊され、（　A　）でもなお意味を与えられ、生かされつづける。建物には（　B　）があり、それを保持するためには（　C　）を保存しなければならない。

【要約のヒント】 本文の結論は7にある。それぞれの空欄には、文字数に注意して7の表現を抜き出し、まとめよう。

▼▼評論文キーワード

●抽象・捨象・概念　個別的・具体的なものからそれぞれに共通する性質・特徴を引き出してまとめることを**抽象**という。また、抽象する際に、必要でない性質・特徴を捨てることを**捨象**という。抽象する時は捨象も同時に行っていることに注意が必要。そして、抽象されて取り出された純粋なものが**概念**である。「読み方ステップ③『具体と抽象』」（二七ページ）も参照。

国際

ネルソン・マンデラの理想

緒方貞子《おがたさだこ》

「人は、他人のために行動をおこした時こそ、本当の人間になれる」――。評論文には必ず、その文の中での問題提起と結論があるが、結論の説得力は、途中で紹介される具体例や説明のあり方で大きく左右される。筆者の語るマンデラの人となりを想像しながら、苦難の中で産み出された言葉の重みを味わいたい。

1 南[1]アフリカのネルソン[2]・マンデラ元大統領は、アパルトヘイト撤廃のために闘い、対話による問題解決と国民和解が可能であることを世界に示した指導者であった。マンデラは二〇一三年一二月五日に逝去し、その死は文字通り世界中の人々から悼まれた。私は国[3]連難民高等弁務官（ＵＮＨＣＲ）の時代にマンデラと出会い、その後、マンデラの大統領就任以降も個人的に親しくさせて頂いた。ネルソン・マンデラとはどのような人物で、何を達成したのか、そして（添加）、私たちはマンデラから何を学ぶべきであるのか。

2 一九六四年マンデラは国家反逆罪で終身刑を受け、以後二十七年間収監されることとなる。白人政権による弾圧はすさまじく、南アは世界で最も死刑の多い

この語に注目

〈重要語〉
▼人間性／人間らしさ
▼インクルーシブな社会

〈対比〉
▼憎しみ／報復↔和解／対話
▼差別↔民主化

トピック

アパルトヘイト　［アフリカーンス語］Apartheid
かつて南アフリカ共和国に存在した人種差別・人種隔離政策。白人による有色人種――黒人に対するもので、一九四八年に法制化された。人々の意識の次元での差別のみならず、人種差別を法制化して国民に強制したところに大きな特徴があり、例えば異人種間の恋愛や結婚が法律違反にあたった。ネルソン・マンデラ元大統領の生涯を捧げた闘争によって、一九九一年に撤廃された。

国となった。

3 アパルトヘイトの下では、一般の白人住民は生まれてから一度もタウンシップ（黒人居住区）に足を踏み入れたことがなかった。教育を受けた者であっても「自分よりも立派な黒人など南アにひとりもいる筈《はず》がない」と確信していた。他方、黒人住民は常に白人社会に対する憎しみと猜疑心《さいぎしん》を抱き、不満があればそれが何であっても全て「アパルトヘイト」のせいにしてしまう不健全な状況が形成されていた。アパルトヘイトは、緊張や敵意が増幅された社会であった。国の最高法規で、人種の違いを理由とした差別が正当化される、その中に身をおけば、自然に人を見下し、憎むようになってしまう。マンデラらANC[4]指導者たちはこうした矛盾に強い不条理を覚えた。

4 こうしたなか、二十七年間の投獄の後、一九九〇年二月一一日

マンデラが収監されていたロベン島収容所

1 **南アフリカ** アフリカ大陸南端部の共和国。首都はプレトリア。

2 **ネルソン・マンデラ** Nelson Rolihlahla Mandela。一九一八—二〇一三年。南アフリカ共和国の第八代大統領。

3 **国連難民高等弁務官（UNHCR）** 国際連合の機関の一つ。難民に対する救済事業などを行う。［英語］Office of the United Nations High Commissioner for Refugees

4 **ANC** アフリカ民族会議。南アフリカ共和国の政党。［英語］African National Congress

—〈猜疑心〉〈不条理〉

に釈放されたマンデラは、デクラーク[5]大統領率いる国民党[6]政権との間で対話を行い、復讐《ふくしゅう》ではなく話し合いによって進歩的な憲法を採択するという偉業を達成した。マンデラが釈放された背景には、冷戦の終結によるアフリカの構図の変化、経済制裁等による南ア白人政権への圧力、強権的なP・W・ボータ[7]大統領が脳卒中を契機としてデクラーク大統領と交代したこと等の要素もあった。南アの国際社会復帰のため、対話と改革という難しい決断をしたデクラーク大統領も立派な人物であり、両者は、一九九三年一一月にノーベル平和賞[8]を共同受賞する。マンデラ釈放後の一九九〇年から一九九四年までの移行期には、極右白人によるテロや暗殺、黒人部族間の抗争で多数の死傷者が生じるなど政治的緊張が高まり、内戦突入は確実とまで言われた。だが（逆接）、マンデラらANC指導者は、交渉プロセスの脱線を許さず、支持者の怒りを憲法プロセス加速へのエネルギーに転換して、[1]悲観論を見事に反証した。さらに（添加）、マンデラは白人社会の民主化に対する恐怖心に対応するため、一定期間の権力分有を提案し、また（並列）、真実和解委員会[9]による和解を呼びかけた。全国民が参加する民主的選挙を通じてマンデラ大統領が誕生すると、政治的緊迫感は蒸発したかのように消失した。人々はこれを「南アの奇跡」と称する。南アフリカにおける対話による問題解決と国民和解は世界の模範となったが、マンデラのリーダーシップ[10]とビジョン[11]、懐[*]の深さと強さ、そして不屈の精神がなければ実現しなかったと言えよう。

5 **デクラーク**　Frederik W. deKlerk 一九三六―二〇二一年。南アフリカ共和国の第七代大統領。

6 **国民党**　南アフリカ共和国の政党。一九四八―九四年まで与党として政権を握り、アパルトヘイト政策を推進した。

7 **P・W・ボータ**　Pieter Willem Botha。一九一六―二〇〇六年。南アフリカ共和国の第六代大統領。

8 **ノーベル平和賞**　アルフレッド・ノーベルの遺言によって創設された賞の一つ。他に、物理学・化学・生理学・医学・文学・経済学の六分野がある。

問1　「悲観論を見事に反証した」とは具体的にどのようなことか。

9 **真実和解委員会**　人種差別や独裁政治、あるいはテロリズムによる暴力の応酬などの結果、国民に対して深刻な人権侵害が生じた歴史を持つ国々

5 さらに[添加]マンデラは、一九九五年ラグビー・ワールドカップ[12]で自ら、白人のスポーツとみられていたラグビーチームのユニフォーム姿で登場して、スポーツを通じた国民統合を追求した。決勝戦で南アが宿敵オールブラックス[13]を逆転し、劇的な優勝を遂げると、「心から新生南アの一員になれた」との白人住民の声が上がった。映画『インビクタス』[14]で有名になったこうしたエピソードからも、マンデラが国の融和と統合を心から願った姿が良く分かる。

6 私は民主化を達成した後の南アを二〇〇〇年二月に訪問し、マンデラ（すでに大統領を引退していた）の招きで自宅を訪問した。獄中で困難に直面しながらも、報復ではなく、和解と共存を追求したマンデラの哲学は、世界を共感させた。マンデラは自伝『自由への長い道』[15]の中で次のように述べている。「人間の奥底には慈悲と寛容の心がある。憎しみをもって生まれてきた子どもなどいない。憎しみは後から学ぶのである。憎しみを学ぶことができるのであれば、愛する心だって学ぶことができるはずである。何故なら[理由]愛することは人間に自然に身についたものだか

ネルソン・マンデラ

が、そうした負の歴史から来る軋轢《あつれき》を解決するために設置した委員会の総称。国ごとにその目的や設置主体は異なる。

10 リーダーシップ 人々を率いる資質のこと。［英語］leadership

11 ビジョン ここでは、未来に関する先見の明。［英語］vision

12 ラグビー・ワールドカップ ラグビーのナショナルチームの世界一を決める大会。第一回は一九八七年で、以後四年おきに開催されている。

13 オールブラックス ラグビーのニュージーランド代表チーム。

14 『インビクタス』 二〇〇九年公開。クリント・イーストウッド監督。「インビクタス」とは「屈しない」の意。［ラテン語］invictus

15 『自由への長い道』 一九九五年刊行。

＊懐が深い
〈反証〉〈慈悲〉〈寛容〉

らである。長く厳しい監獄生活の中で白人刑務官が善意のかけらを見せることがあった。そうしたとき、我々はほんの一瞬の善意の輝きに励まされ、その後の苦しさを耐えることができた。人間は人種、出身にかかわらず同胞を人間として思いやる気持ちを持つことができる。人間の善良さという〝あかり〟は、見えなくなっても決して消えることはない」。ここに人間にかけた思いを闘争の原動力としたマンデラ達の気持ちが凝縮されていると思う。マンデラ及び政治犯は獄中の極限状態でも、人間として同胞を思いやる気持ちに支えられていたのである。

7 マンデラは、一九六四年リボニア裁判[16]の最終陳述で「わが人生は闘争にある。私は白人による支配と闘い、黒人による支配とも闘ってきた。万人が平等な機会のもとに暮らす民主的で自由な理想を抱いてきた。私は、その理想のために必要であれば死ぬ覚悟がある。」と表明した。終身刑が言い渡されたが、死を覚悟していたのであろう。その言葉どおり、アパルトヘイトを撤廃することにより、黒人も白人も解放された。今も世界には紛争や格差などの問題が山積するが、私たちはマンデラが残してくれたものを考える必要がある。

8 私はUNHCRや国際協力機構[17]（JICA）での国際協力の仕事を通じて、「be humane」、すなわち（→換言）、「人間らしさを徹底すべき」と主張してきた。当時のルワンダ[18]やブルンジ[19]等の状況を含め、いろいろな迷いや問題が起こるなかでも、人間が人間らしさを守ることによって人間性を持ち続けられると自分に言い聞か

16 **リボニア裁判**　ネルソン・マンデラらANCのメンバーが裁かれた裁判。一九六三年に始まり、翌一九六四年に結審、判決。リボニアは南アフリカの小さな村の名。

17 **国際協力機構（JICA）**　外務省所管の機関の一つ。開発途上国に対する支援などを行う。［英語］Japan International Cooperation Agency

18 **ルワンダ**　アフリカ中部にある共和国。首都はキガリ。

19 **ブルンジ**　アフリカ中東部にある共和国。首都はブジュンブラ。

せてきた。私は善を持つことが人間性だと思っている。[2] こうした考えは、マンデラが目指した理想とも一致していたのではないかと信じている。「自由への道は、単なる政治的な民主化で終わることなく、万人の参画するインクルーシブ[20]な社会をめざし継続する、その過程での試行錯誤を通じて社会全体の『人間性（humanity）』を高めていけば良い、人は、他人のために行動をおこした時こそ、本当の人間になれるのだから」。これはロベン島[21]に収監された盟友が明らかにしたマンデラの言葉である。国際協力を志す若い人たちは、マンデラが残した言葉*を良くかみしめてもらいたい。

問2 「こうした考え」とはどのような考えか、簡潔にまとめよ。

20 **インクルーシブ** 包括的な。［英語］inclusive

21 **ロベン島** 南アフリカ共和国南西部の小島。

〈試行錯誤〉

＊言葉をかみしめる

レッツ・トライ！

1　本文の内容に合致するものを次の中から一つ選び、記号で答えなさい。

(ア)　アパルトヘイト下の南アフリカでは、黒人が白人を一方的に憎むという不健全な状態があった。

(イ)　マンデラ元大統領は、和解や対話を平和的に進め、内戦や報復などを回避して新憲法を採択した。

(ウ)　二七年間にわたる監獄生活の中で、マンデラ元大統領は、「人間らしさ」への希望を失った。

(エ)　南アフリカでの平和的な問題解決を模範とした結果、紛争や格差などの国際問題は起きなくなった。

2　マンデラ元大統領の行動や態度として不適切なものを次の中から一つ選び、記号で答えなさい。

(ア)　人間性の尊重

(イ)　粘り強さ

(ウ)　強権

(エ)　覚悟

3　本文の構成について述べたものとして最も適切なものを次の中から一つ選び、記号で答えなさい。

(ア)　[1]ではマンデラ元大統領の偉業を述べ、[2][3]ではその内容を具体的に紹介している。

(イ)　[2][3]ではアパルトヘイトの問題点を取り上げ、その原因を[4][5]で説明している。

(ウ)　[4][5]ではアパルトヘイト撤廃の過程を示し、[6]～[8]ではその困難を掘り下げている。

(エ)　[6]～[8]ではマンデラ元大統領が残した教訓を示し、[1]の問題提起の結論としている。

読み方ステップ…❹

引用・逆説・比喩

同じ内容でも、書き方によって伝わる効果が変わってきます。どのような表現によって書かれているのか。その表現の技法を**修辞法**といいます。ここでは評論でよく使われる**三つの修辞法**を覚えておきましょう。

①**引用**　文章中に他の人物の言葉や文章を写して、自分の意見や考えを補強したり、新しい視点を引き込んだりする表現方法。引用される人物名があったり、「　」で示されたり、一字下げて書かれたりします。

②**逆説**　一見、常識に反するように見えながら真理を言い当てている表現方法。一般的な理屈からみたら変だなと思うものがあったら、逆説ではないかと考えてみましょう。とくに矛盾を含んだ表現のことを**パラドックス**とも言います。

③**比喩**　言いたいものやことを別のものやことで例える表現方法。「まるで〜ようだ」「〜ようだ」のように明示するものなしに（**直喩**）や、「〜ようだ」と直接たとえる方法例える方法（**暗喩**）など、多くの種類があります。

「ネルソン・マンデラの理想」では、マンデラの言葉や思想が、自伝や友人への言葉などから**引用**されていました。またマンデラを主人公にした映画のエピソードのもとになった白人男性の声も抜き出され、**引用**がマンデラに対するさまざまな見方を提供し、文章を支える柱になっています。もしこの文章に引用がなく、マンデラの人生をたどるだけだったとしたら、面白さも説得力も半減しているに違いありません。**引用**の存在が、筆者のマンデラに対する敬意も伝えてくれます。

「雑草の戦略」では**逆説**が効果的でした。「柔よく剛を制す」（一四・1）という言葉もそうですが、論の内容においても、「雑草をなくす方法」は「雑草を取らないこと」であるというのは一般論からは考えにくいですから、**逆説**ですね。

「建築はあやしい」の「建物の奥は深い」（二五・12）は**隠喩**です。実際に建物の奥ゆきが深いわけではなく、その建物に与えられている意味は簡単にはわからない、奥が深い、ということを**比喩**で表現しているのです。

評論の型をとらえよう!

導入 マンデラ元大統領の闘争[1]

問題提起 ← マンデラの**達成**は**何か**?
私たちは**何を学ぶべきか**?

展開1 アパルトヘイト下の南アの状況〈[2][3]〉
・黒人と白人↓相互に敵対
・法律で人種差別が正当化
} 強い不条理

展開2 マンデラの偉業〈[4][5]〉
対話で進歩的な憲法を採択=アパルトヘイト撤廃
◎マンデラの
リーダーシップ・ビジョン
懐の深さと強さ・不屈の精神
} により達成

まとめ マンデラの哲学(=理想)〈[6]~[8]〉
・人間を同胞として思いやる気持ち
・万人に平等な機会のある民主的で自由な社会
=黒人も白人も解放=**人間性の徹底**
◎国際協力を志す若い人たちは、
マンデラの言葉を良くかみしめてもらいたい

●表現と構成

冒頭[1]は問題提起の段落である。マンデラ元大統領がアパルトヘイトを撤廃した事実が指摘され、「マンデラの達成は何か」「私たちはそこから何を学ぶべきか」といった問いが示される。

展開1〈[2][3]〉ではアパルトヘイト下の南アにおいて不健全な状況があり、マンデラがそこに強い不条理を覚えたことが説明される。展開2〈[4][5]〉では、対話によってアパルトヘイトの撤廃を達成したマンデラの偉業の過程が具体的に紹介される。復讐や報復によらず、また内戦も回避し、あくまでも対話によって問題解決と和解を進めた態度は、後半部の「人間性の徹底」にもつながるので、この部分は確実に理解したい。

まとめ〈[6]~[8]〉では、本文のテーマである「マンデラの理想」が掘り下げられている。マンデラは、「万人に平等な社会」や「人間として同胞を思いやる気持ち」を信条として、闘争を続けた。そして彼の信念通り、アパルトヘイトの撤廃は「黒人と白人」の両方の解放をもたらした。末尾の「国際協力を～かみしめてもらいたい」は、冒頭の問題提起と対応している。

ココがポイント!

Q **「南アフリカにおける対話による問題解決と国民和解は世界の模範となった」**（三二・16）**ってどういうこと?**

A アパルトヘイトがあった時代の南アフリカは、黒人と白人が互いに敵対するような緊張状態にありました。だからアパルトヘイトを撤廃しようとした時の混乱はとても強く、内戦突入の可能性が濃厚でした。しかし、マンデラは権力分有の提案や和解の場を設けること、全国民が参加する民主的な選挙を行うことなどを提案し、「黒人さえ良ければそれでいい」といった発想を決してとらずに、黒人にも白人にも配慮した方法で、平和的にアパルトヘイト撤廃を達成したのです。戦争を回避し、対話によって南アフリカの問題の解決にあたろうとしたマンデラの態度は、その後、世界のさまざまな国際問題を解決する際に見習うべき指針となった、ということですね。

●要約してみよう

◆次の空欄を埋めて百字以内で要約を完成させよう。

（　A　）を達成したマンデラ元大統領の理想は、万人に平等で自由な社会を作ることであり、彼を支えた信念は（　B　）であった。

【要約のヒント】（A）には「導入」「展開1・2」を踏まえて、マンデラが達成した内容を具体的に（＝「何をどのようにして」がわかるように）書く。（B）には「まとめ」で述べられている、マンデラの理想や、行動の原動力になった部分をまとめる。

▼▼評論文キーワード

●民主化　民主主義の考え方や制度・政治システムが定着していくこと。また、そのように変えていくこと。民主主義とは、人々に身分の差別がなく、国民の意思に従って政治が行われる体制のことをいう。

言語

「ふと」と「思わず」

多和田《たわだ》葉子《ようこ》

比喩を上手に使うことができれば、難しいことや一般にはあまり知られていないことを、身近な物事に即してわかりやすく説明することができる。文学者ならではの巧みな比喩をていねいにたどりながら、ふだん当たり前のように使っている言葉の奥深さや面白さについて、自分なりに考えてみよう。

1 言葉は穴だらけだ。日本語でも他の言葉でも、外から眺めてみると、欠けている単語がたくさんあって、どうして、こんな穴あきチーズを使ってものを書くことができるのだろうと不思議になる。もちろん、いつもその言葉だけ使っていれば、そんなことは気にならない。穴は、■1外部に立った時にしか見えない。

2 十六年前、ドイツに来たばかりのころ、どう言っていいのか分からないことが多くて困った。たとえば、（↓例示）何も考えずにいつも使っていた「頑張ってください。」も直接ドイツ語に翻訳することはできない。他人に、頑張れ（努力しろ）などと言うのは失礼*に当たるから、「御成功をお祈りします。」など、内容は違っても、似たような感情を伝える文章を探さなければいけない。

3 時がたてばだれでも、こういう時にはこう言えばいい、ということが分かっ

この語に注目

〈比喩〉
▼穴
▼外部

トピック

言葉 高校評論で必ずといってよいほど取り上げられるテーマが「言葉」（言語）である。私たちは言語によって思考するのだから、その思考の根本に言葉がある。言わば、言葉によって私たちの思考は形づけられるのだ。評論では、日本語と他言語の比較を通して、私たちの思考のあり方そのものが論じられることも多い。「言葉」については、日頃から意識しておこう。

てきて、いわゆる「日常会話」をこなすようになってくる。

4 それでも、いつまでたっても、ドイツ語の中に相当する単語を見つけられずに、待合室に取り残されたままの日本語の単語がいくつかあった。しかも、それが、どうでもいいような単語ではなくて、わたしにとっては大切な単語ばかりだった。たとえば、「ふと」とか「思わず」は、ドイツ語でどう言えばいいのか。当時のわたしは、日本語を書く時に、必要以上にこのような単語に頼っていた。こういう言葉は酸素と同じで、なければ致命的なのに、あればそれがあたりまえなのでありがたさを感じない。だから、ドイツ語に出会って苦労して、いったい、これらの言葉は何を意味するのか、どのように言い替えて（他文化の思考体系に翻訳して）表現すればいいのか、と考えるようになって、かえってよかったと思う。

5 「ふと」という言葉は、理由は分からないけれどもある瞬間に、ある物に急に視線がひきつけられたり、あることを思い出したりした時に使う。だから、過去の出来事を語っているところに、この言葉が現れると、描かれる対象が認識の現在に連れ込まれる。

6 描写している情景が、急に今ここで起こっていることのように感じられる瞬間、日本語では、時制を過去型から現在型に変えることもできる。「わたしは駅へ向かっていた。ふと見ると、駅前におかしな男が立っている。」現在型への移行は、意識の移行を意味する。それは、作者が自分の書いている世界に吸い込ま

問1 「外部」とは、ここでは何をさしているか。

〈体系〉
＊失礼に当たる

れてしまう[2]魔の瞬間でもある。ドイツ語ではたとえ実験小説[1]でも、時制をひとつの段落の中で混ぜることはめ*ったにない。

[7] 和独辞典で「ふと」を引いてみると、直接の訳語は載っていない。代わりに、実用的な訳文例がいくつか載っている。「ちょうどそちらに目を向けると、その時、」「まったく偶然に、」「気がつくと、」「歩いていくと急に、」「今ちょうど思い出したんだけれど、」「これという理由も目的もなく、」ひとつの単語を訳すのに、ずいぶん苦労しているのが分かる。しかし〔逆接〕、理由が分からないからといって、「まったくの偶然」として説明するのは、違うような気がする。第一、あることにある瞬間、気がつくのが偶然であるはずがない。何か遠い記憶や、目には見えない存在間の交感が働いているに違いない。「わたしが目的を持たずに理由もなしに、そちらを見ると、まったく偶然に、木の葉が黄色くなっていることに突然、気がついた。」というようなことではないような気がする。「ふと」の視線には、日常性がなければいけない。あたりまえで、しかも〔添加〕、重要な瞬間。たとえば、仕事を忘れ、人の目を忘れ、お金のことも忘れ、これはこうであるはずというような先入観も忘れて、無心にまわりの世界を眺めると、[3]そこにあっても普通は見ることのできないものが、急にはっきり見えてくることがある。

[8]「思わず」という言葉にも似たところがある。ドイツ語には、これに相当すると言われる単語があるが、あまり使われない単語なので、連発すると目障りにな

問2 「魔の瞬間」とはどのような瞬間のことか。

1 **実験小説** 新しい文学を求める意図で書かれた、前衛的な小説のこと。

問3 「そこ」とはどこをさすか。

問4 「そういう動き」とはどのような動きか。

る。もっとさりげなく使える言葉はないのか。何かしようと決心する前に身体が勝手に素早くある動きをしてしまうということは日常よくあることで、しかも、（→添加）

4 そういう動きには、その人を理解するのに重要な要素がたくさん含まれているから、「思わず」という言葉をわたしは以前よく使っていた。そのうち、日本語で小説を書く時に、この言葉を連発するのはやめた。たとえばカフカ[2]の小説を読んでいると、「思わず」に当たる身振り、動き、行動でいっぱいだが、「思わず」に相当する言葉は使われていない。カフカはそんな単語を必要としなかった。「思わず」という単語に頼らなくても「思わず」の文学を作ることは可能なのだ、と気がついたのも、ドイツ語に出会ったおかげなのかもしれない。

2 カフカ Franz Kafka　一八八三―一九二四年。現在のチェコ共和国の首都プラハ生まれの小説家。チェコの主要語であるチェコ語ではなく、ドイツ語によって、意表をつく構想と無限性を特徴とする作品を多く著した。作品に『変身』『審判』『城』などがある。

〈交感〉〈先入観〉
〈無心〉
＊めったにない

レッツ・トライ！

1　本文の内容と合致するものを次の中から一つ選び、記号で答えなさい。

(ア)　言葉は穴だらけだから、そのままではものは書けない。

(イ)　ドイツ語は、日本語に比べて言葉の穴は少ないと言える。

(ウ)　「ふと」と「思わず」について深く意味を考え、他文化ではどう表現するべきか考えることができた。

(エ)　「ふと」という言葉の意味には、自分自身が心の成長を遂げるという前提がある。

2　「待合室に取り残されたまま」（四一・3）とはどのようなことか。次の中から最も適切なものを一つ選び、記号で答えなさい。

(ア)　その日本語に対する思いを表現できないまま、ということ。

(イ)　その日本語に対応するドイツ語が見つからないまま、ということ。

(ウ)　その日本語に対応するドイツ語を小説で使う機会がないまま、ということ。

(エ)　その日本語に対応するドイツ語を忘れてしまったまま、ということ。

3　本文の構成について述べたものとして最も適切なものを次の中から一つ選び、記号で答えなさい。

(ア)　[1][2]では具体例を挙げるとともに結論を述べ、[3][4]では論の中心となる問題提起をしている。

(イ)　[3][4]では論の中心となる問題提起をしており、[5][6]でそれを検証し、[7]で結論を導いている。

(ウ)　[5]〜[7]では、[4]での結論の内容を、具体的な事例を挙げて説明している。

(エ)　[5]〜[7]では、論を整理しつつ筆者の考えを説明し、[4]とは相反する[8]の結論を導いている。

読み方ステップ…❺

対比をつかもう

評論では、ふたつのものを比べながら考えを深める論理展開のしかたをよく行います。これを**対比**とか**二項対立**といいます。評論の中で**ふたつのことがら（もの）が比べられていれば、対比（二項対立）と考えましょう。**

対比は次のような形で現れます。

- **AとBについて〜。**
- **一方はA、他方ではB。**
- **Aに対してBである。**
- **Aは〜であり、Bは〜である。**
- **Aは（Aに関しては）〜、Bは（Bに関しては）〜。**

対比を見つけたなら、まずは**何のために対比をしているのか**、ということに注目してください。対比のねらいは、対比されている物事の**どちらか一方を強調・支持をしたいのか**、それとも違いを明示することで、**それぞれの特徴を明らかにしたいのか**、の二種類です。文の形もヒントになります。仮にBを強調するならば、「AではなくBだ」とか「AというよりもBである」、「A〜、むしろB」のような文型になります。

大切なことのもう一つは、対比が**何を（どの点を）比べているのか**をつかむことです。例えば、人間の男性である私と、オスの飼い犬のポチは「人間と犬」という「種の違い」を取り上げれば対比となりますが、「性別」をポイントにすると「同じ仲間」になります。つまり**何について比べているのかわからなければ、対比が読めていることにはならない**のです。

「『ふと』と『思わず』」では、日本語とドイツ語が対比されていました。日本語とドイツ語の違いはたくさんありますが、筆者はドイツ語に訳せない日本語の存在を示し、またカフカを例に挙げて、逆も真であることを論じました。ここでの対比のポイントは「ある言語では言えないことが別の言語では表現できることがある」ということです。文中では「穴（一つの言語で見過ごされていること）は、外部（他の言語）に立った時にしか見えない」（四〇・4）と表現されていましたね。

評論を読むときには、近代／近代以外、西洋／東洋、都市／地方、男性／女性、など**対比を示す言葉の組み合わせ**にも敏感になりましょう。

●評論の型をとらえよう!

導入 言葉は穴だらけ〈1〜3〉
↓それぞれの言語には、他言語にあって
その言語にない観念が存在する

結論 日常会話をこなすようになっても自分にとって
ドイツ語に置き換えられない言葉4
↓ ふと 思わず
〈これらの言葉の意味やありがたさ、
「頼りすぎ」ていたことに気づいてよかった〉

具体的考察1 「ふと」の描写5
ふと という言葉↓「理由なく急に」
……作者が自分が書いている世界に吸い込まれ
てしまう魔の瞬間6
……ふと の視線は目には見えな
い存在間の交感が働く日常
性がある7

具体的考察2 「思わず」の文学8
思わず↓決心する前に体が動くこと
……思わず を使わずにカフカは 思わず の文学
を作った
……思わず に頼らずに 思わず の文学を作るこ
とは可能だと気づいてよかった

●表現と構成

まず、筆者は1で「言葉は穴だらけ」＝不完全なものと書く。2では日本語にあってドイツ語にない語として具体化する。3ではそれらも時間経過によって慣れ、「日常会話」ぐらいはできるようになるという。

しかし、4で「ふと」と「思わず」の具体例を出して、一気に結論を書く。すなわち、「これらの言葉は何を意味するのか」「どのように言い替えて(他文化の思考体系に翻訳して)表現すればいいのか」「と考えるようになって、かえってよかった」という感想である。

つまり、この文章では、「言葉についての考察ができた」ということが結論なのであり、その内容が4〜7と続く「ふと」の語義についての考察であり、8の「思わず」についての考察である。したがって、この評論は言語一般に関する限り、4で結論が出ている構成と言える。

8では、カフカの作品にふれつつ「『思わず』を使わずとも『思わず』の文学は作れる」と、ドイツ語という「外部」(四〇・4)に立つことで一層深まった文学観を示し、論の結びとしている。具体的考察をふまえ、4の結論を発展・強調した結びである。

ココがポイント!

Q 「他文化の思考体系」（四一・9）ってどういうこと？

A ある文化共同体と他の文化共同体では、特定の概念に対する価値が異なることがしばしばあります。例えば漁業中心の文化圏では、魚に関する言葉が多くなる一方、植物に関する言葉がとても貧しいということがあり得るでしょう。

森鷗外は「当流比較言語学」で「ある国民にはある詞が欠けている。何故欠けているかと思って、よくよく考えてみると、それはある感情が欠けているからである。」という言葉を残しています。言葉はその文化が何を重視し、何を軽視するかという価値観（思考体系）と深く関わっているものなのです。そして、そうした他者の価値観に身を置くこと、他文化と自文化を比較することによってこそ、逆に自文化への理解も深めることができるのです。

●要約してみよう

◆次の空欄を埋めて百字以内で要約を完成させよう。

他の言語の世界に立つと、（　A　）であることに気づく。わたしは、「ふと」や「思わず」がドイツ語に翻訳できず苦労したが、（　B　）や文学との関係がわかり、よかったと思う。

【要約のヒント】 本論では1で「穴」という言い方がされている。そして筆者がドイツ語にできなかった日本語の例として4に「ふと」と「思わず」が登場する。そして、そこで「〜」がわかってよかった、とするのが筆者の結論である。5以降はその結論の具体的内容なので、要約では省いてよい。

▼▼評論文キーワード

●先入観　物事の実態についての正しい理解を妨げる思いこみのこと。他文化に関して私たちは勝手なイメージを抱きがちだが、そうした「先入観」を問い直すのも、評論文の役割の一つである。

経済

フェアトレードとは何か

辻《つじ》 信一《しんいち》

同じ言葉であっても、文脈ごとに意味が変わることがある。この文章の筆者は、自分が用いる「フェア」という語を定義した上で、誰と誰の間での「フェア」なのかを論じていく。誰かにとって「フェア」と思えることも、別の誰かにとってはそうではないかも知れない。文中のキーワードに注意して、筆者の主張を読み取ろう。

1 きみは「[1]フェア[2]トレード」という言葉を聞いたことがあるだろうか? 「先進国」の企業や消費者ばかりが得をして、「途上国」の生産者がいつも損をするような貿易(トレード)のしくみを改めて、もっと公正(フェア)な関係をつくろう、という国際的な活動のことだ。

2 ぼくはそこに使われている「フェア」という言葉が大好きだ。そこには、「強弱」や「勝ち負け」の[3]二元論を超えようとする意志が感じられるから。

3 フェアは、だれかとだれか、何かと何かの間に成り立つ、関係性を表す言葉だ。これを「正しい」という言葉と比べてみるとわかりやすい。「正しい」は、自分だけでも成り立つ言葉だから、「ぼくが正しい」「いや、私が正しい」というふうに言い合うこともできる。そしてそれがケンカのもとにもなる。いや、〔添加〕それ

この語に注目

〈対比〉
▼フェア↔アンフェア

〈比喩〉
▼耳

トピック

先進国／途上国 「先進国」は、経済発展の水準が比較的高い国のこと。「途上国」は経済成長・開発の水準が先進国に比べて低い国のことを表す。

お金のある先進国の人が身につけたり消費したりする商品や、その材料のほとんどを途上国の低賃金で働く労働者が生産し、その際生じる環境汚染や資源枯渇などが途上国を蝕んでいく。

そんな経済競争の構造が国家間の経済格差を固定化し、さらに広げる一因となっている。

どころか、戦争のもとにもなる。実際、戦争では「わが国が正しい」「いや、正義はこちらにある」とやり合う。そして、結果はたいがい、勝った方（軍事力や経済力が強い方）が「正しかった」ことになる。

4 [1]（比較）これに比べて、「フェア」はどうか。「ぼくがフェアだ」「いや、フェアなのは私だ」「いや、きみはフェアじゃない」などと言い合うのは、どこか変だ。自分だけではなく、相手も「フェア」だと感じるからこそ、「フェア」。つまり、「フェア」は双方の合意なしには成り立たない。相手がいればこその*「フェア」、（換言）つまり、「お互いさま」なのだ。

5 [2]（順接）すると、「フェアトレード」は、ちょっとおかしな表現だということになる。今ではトレードと言えば国と国との貿易を連想する人が多いが、もともとは、山と海の間、川上の村と川下の村の間など、地域同士、集団同士、さらには個人同士の間で行われる交易や交換のこと。その規模がどうであれ*、トレードにおけるもののやりとりは、双方が「フェア」だと思うから、成り立ったのだ。一方が「フェア」だと思わないのに、やりとりを強制すれば、それはもうトレードではなく、「搾取」[4]か「強奪」[5]だ。つまり、トレードとはその定義からして、「フェア」なのだ。

6 ではなぜ、「フェアトレード」などという活動があるのか。それは、現代世

1 **フェア**　公平・公正なさま。正々堂々としていること。［英語］fair

2 **トレード**　貿易・取引のこと。［英語］trade

3 **二元論**　物事について考える際に、対となる二つの根本原理で説明するあり方。

問1　「これ」とは何のことか。

問2　「すると」とあるが、「すると」以降はどのような内容を受けて述べられているのか。

4 **搾取**　雇用者が労働者を極端な低賃金で使用し、不当な利益を搾り取ること。

5 **強奪**　暴力や脅迫などによって強引にものを奪い取ること。

〈消費者〉〈生産者〉
〈正義〉〈交易〉
*〜がいればこその〜
*〜がどうであれ

インドの紡績工場で働く児童

界で行われている貿易のほとんどが「フェア」ではなくなっているからだ。

7 たとえば、[例示]「先進国」の人が着る服のほとんどは「途上国」で作られる。服をつくる「途上国」の労働者の多くが、生活にかかる経費よりも安い給料で、しかも[添加]劣悪な条件の中で、選択の余地があるならやりたくないような重労働に従事する。

8 また、[添加]こうした服づくりが、環境に悪影響を与えていることも知られている。「途上国」の自然は急速に汚染され、資源は枯渇[6]し、人々、そして生物の健康も損なわれる。

9 さて、[転換][3]こんな状態をきみはどう思うだろう。どう見たってフェアじゃないよね。でもこれらのことは、どれも法律で禁じられていることではない。それどころか、世界中で認められている自由な経済競争の一部なのだ。こうしたしくみの中で大きな利益を得ている企業*はもちろん、おかげでファッショナブル[7]な服を安く手に入れて喜んでいる先進国の消費者たちは、こう言うかもしれない。だれも

6 **枯渇** ものが尽きてなくなってしまうこと。

問3 「こんな状態」とは、どのような状態のことか。

7 **ファッショナブル** 衣服など、身につけているものが流行にかなっていること。［英語］fashionable

強制されて働いているわけじゃない。「途上国」の政府も企業も労働者も、みんな「合意」の上でのことだから、これは「フェア」だ、と。

10 強い者がどんどん強くなり、弱い者がどんどん弱くなる。経済競争という枠組の中では、これもまた「フェア」だというわけだ。まるで*「フェア」という言葉が、檻の中に閉じこめられてしまったかのようだ。

11 [4]それを救いだして、また自由に羽ばたけるようにしてあげたい。そういう思いをもつ人々が始めたのが、「フェアトレード」運動だ。

12 「フェアトレード」が目指すのは、たんに生産者と消費者、田舎と都会、「途上国」と「先進国」の間の公正さではない。それは人間同士の間だけの「フェア」を超えて、人間と自然界との間、今の世代と未来の世代との間の「フェア」へと広がっていく。

13 生産者は消費者より、田舎は都会より、「途上国」は「先進国」より弱い立場にある。この両者の間のアンフェア[8]（不公正）な関係を直していくことは大事なことだ。しかし[逆接]、人間が無

フェアトレード製品のバナナを売る人々

問4 「それ」とは何か。

8 **アンフェア** 不公平・不公正であるさま。［英語］unfair

〈資源〉〈経済競争〉〈枠組〉〈世代〉
*〜はもちろん
*まるで〜のようだ

防備な他の生きものたちを、自分たちの都合だけで虐げてきたことも忘れてはいけない。三千万とも言われる生物種の中のたったひとつにしか*すぎない人間が、光合成[9]による地球の生産力の四十%をひとり占めしていると言われる。自分勝手な人間のふるまいは地球を汚染し、その気象システム[10]まで狂わせている。その結果、現在、地球史上六度目といわれる種の大絶滅が起こっている。人間以外の生物にとってなんとアンフェアなことだろう。

14 また、弱い立場にあるという点で、未来の世代ほど弱いものはない。何しろ、どんなにひどいことをされても、まだ生まれていない生命は、[5]抗議の声をあげることもできないのだから。それをいいことに、今生きている世代は、未来の世代が生きていくための絶対条件となる環境を壊し、彼らが利用する分の資源まで使い果たそうとしている。いったいこれ以上、フェアの精神に反することがあるだろうか。

15 生きものたちの悲鳴を、そして未来世代の声なき声を、聞き届けることができる想像力の「耳」をもちたい。そして、じっとその耳を澄ます*のだ。

16 思い出すのは、ドイツの作家ミヒャエル・エンデ[11]の物語『モモ』で、時間泥棒から時間をとり戻すために活躍する主人公の少女、モモのことだ。彼女には別にこれといった特別の能力があるわけでないが、ただひとつ、相手の話をただじ

9 光合成 主に葉緑素を持つ生物が光のエネルギーを使って、二酸化炭素と水から、有機化合物を合成する過程のこと。緑色植物は、その際に酸素を放出する。

10 システム いくつかの部分が結合して構成された全体、またそのありようのこと。［英語］system

問5 「抗議の声」とあるが、それは何に対する抗議か。本文中の表現を用いて答えよ。

11 ミヒャエル・エンデ Michael Ende 一九二九―一九九五年。ドイツの児童文学者。『モモ』『果てしない物語』などの作品がある。

っと聞いてあげるという才能の持ち主なのだ。

17 大ゲンカをした男たちもモモの前にやってくると仲直りすることができる。モモがやったことはといえば、ふたりがにらみ合いをやめて話しはじめるまで、ただじっと待つこと。そして話しはじめたら、じっと耳をかたむけること。

18 人間ばかりではなかった。小さな男の子が歌を忘れたカナリアをつれてきたときにも、モモは、その鳥がまた楽しそうに歌い出すまで一週間、じっとそばで耳をすましていなければならなかった。(辻信一『「ゆっくり」でいいんだよ』)

19 「モモは犬や猫にも、コオロギやヒキガエルにも、いやそればかりか雨や、木々にざわめく風にまで、耳をかたむけました。するとどんなものでも、それぞれのことばでモモに話しかけてくるのです」(ミヒャエル・エンデ『モモ』)

ミヒャエル・エンデ『モモ』

20 インドでは昔からこう言われてきたそうだ。口は一つなのに、耳が二つあるのはなぜか。それは、しゃべるよ

〈絶対条件〉〈環境〉
*〜にしかすぎない
*耳を澄ます

り、よく聞くことができるように、と。よく聞くためには、まず自分の言い分と、それがよってたつ基準を、ひとまず横に置くことが必要だ。そしてそれが「フェア」であるための条件でもある。

6 その上で、相手の言うことに耳をかたむけること。そしてさらに、世界のさまざまな声なき声を聞く耳をもつこと。それが「フエア」だ。

問6 「その上で」とは、どのようなことをさすか。本文中の表現を用いて答えなさい。

〈基準〉

*よってたつ

*耳をかたむける

*聞く耳をもつ

レッツ・トライ！

1 「世界のさまざまな声なき声を聞く耳をもつこと」（五四・4）とはどのようなことか。次の中から最も適切なものを一つ選び、記号で答えなさい。

(ア) 途上国の労働者たちからの、低賃金や労働環境の劣悪さへの不満を改善するということ。

(イ) 途上国からの、環境汚染や資源の枯渇、人間や生物の健康悪化の報告をよく聞くこと。

(ウ) 自然への影響や、将来の世代への影響を見極め、それらに対する配慮を怠らないこと。

(エ) 犬や猫から、雨や木々にざわめく風が自分に話しかけてくるまでじっと待ち続けること。

2 本文の構成について述べたものとして最も適切なものを次の中から一つ選び、記号で答えなさい。

(ア) 1では具体例を挙げ、2～4では、そこから導かれる筆者の考えを示している。

(イ) 5～10では、2～4で示した結論についてより深く説明するために具体例を示している。

(ウ) 5～10では、論の中心となる問題提起をし、11～15で問題解決への考え方を説明している。

(エ) 16～19では、論を整理しつつ筆者の考えを説明し、20の結論を導いている。

●評論の型をとらえよう!

導入（起）「フェアトレード」とは何か[1]
現在の貿易《トレード》の構造＝得「先進国」／損「途上国」
→よりフェアな関係を目指す国際的な活動

展開（承）「フェア」と「トレード」の関係〈[2]〜[10]〉
・「フェア」という言葉〈[2]〜[4]〉

「正しい」＝自分だけで成り立つ言葉→戦争のもと

↔

「フェア」＝双方の合意で成り立つ言葉→「お互いさま」

・**「フェア」でなくなった「トレード」**〈[5]〜[10]〉
トレードは当事者双方が「フェア」と思うから成立
→現在の貿易＝「フェア」ではなく「強奪」「搾取」

発展（転）**フェアトレードが目指すもの**〈[11]〜[15]〉
←

生産者／消費者　田舎／都会　「途上国」／「先進国」
＝人間同士の間だけの「フェア」

だけでなく

人間／自然界　今の世代／未来の世代との間の「フェア」→そのために想像力の“耳”をもちたい

結論（結）「フェア」であることとは〈[16]〜[20]〉
・**モモの才能＝よく聞くこと＝「フェア」**
＝
自分の言い分とそれがよってたつ基準←**ひとまず横に置く**
その上で

相手の言うことに耳をかたむける
世界のさまざまな声なき声を聞く耳を持つ

●表現と構成

[1]は話題の導入部。「フェアトレード」とは何かを簡単に説明し、[2]〜[10]で現代の貿易が抱える問題が「フェア」と「トレード」という言葉の意味を軸に説明される。

[2]〜[4]では、「トレード」と「フェアトレード」に含まれる「フェア」という言葉は「お互いさま」の関係において使われる言葉だと指摘し、[5]で「フェアトレード」という言葉の奇妙さを指摘する。「トレード」そのものが「フェア」な関係においてしか成り立たないはずだからである。[6]〜[10]で、「先進国」の人が着る服を例に、現在の世界での貿易のほとんどが「フェア」でないことが示される。

[11]〜[15]は、そんな貿易の現状から始まった「フェアトレード」運動の理念と目標が示される。単に人間同士のアンフェアな関係の修復を目ざすのではなく、人間と自然界、今の世代と未来の世代との間の「フェア」をも目ざすのが「フェアトレード」運動であり、その実現には、生き物たちの悲鳴、そして未来世代の声なき声を聞き届けることができる想像力の〝耳〟をもつ必要が示される。

[16]〜[20]はそれを受け、エンデの『モモ』を例に、「フェア」であるとはどういうことか、結論が導き出される。

ココがポイント！

Q

「一方が『フェア』だと思わないのに、やりとりを強制すれば、それはもうトレードではなく、『搾取』か『強奪』だ。つまり、トレードとはその定義からして、『フェア』なのだ。」（四九・13）**ってあるけど、どう理解すればいいの？**

A

5冒頭の「『フェアトレード』は、ちょっとおかしな表現だということになる」という指摘の根拠を示した部分です。2〜4で「フェア」が、相手との合意に基づく関係を意味する言葉だと述べられていますね。本来は「トレード」も相互の合意のもと行われるものです。質問箇所にあるように、「フェア」でない取引は、ひと昔前の「主人」／「奴隷」や「宗主国」／「植民地」のように、片方が相手から理不尽かつ一方的に奪い取る関係です。これは本来の「トレード」の姿ではありませんね。ところが「現代世界で行われている貿易のほとんどが『フェア』ではなくなっている」という現実がある。その是正のために「フェアトレード」の活動が必要となるのです。

●要約してみよう

◆次の空欄を埋めて百字以内で要約を完成させよう。

現代世界の人間同士だけでなく、（　Ａ　）を目指す「フェアトレード」の実践には、自分の言い分を抑えて（　Ｂ　）が必要である。

【要約のヒント】 本論の結論は15と、それを受けての20にある。ただし、主題と結論の方向性を見失わないよう注意。本文の主題は「フェアトレード」とは何か、である。したがって、（Ａ）で「フェアトレード」の特徴を踏まえて、（Ｂ）で結論部の比喩、すなわち「想像の〝耳〟をもつ」「耳をかたむける」「声なき声を聞く耳をもつ」の意味するところを端的に言い換える必要がある。

▼▼評論文キーワード

●正義　行為の正しさ。また、正しい行為の根幹にある道理のこと。正義論は、西洋哲学の中心課題の一つ。現代では「公正」と関連づけられ、社会的枠組みの問題として扱われることが多い。

文化

方法としての異世界

見田《みた》宗介《むねすけ》

自分と他者を比較することは、どちらがより優れているかを知るための手段ではない。違う文化や違う立場を知ることは、自分たちが囚われている偏見や先入観を見つめ直すことなのだ。具体例をていねいにたどりながら、二つの世界観を比較するという「方法」から何が見えてくるのか、筆者の主張をまとめてみよう。

[1] メキシコ[1]のインディオ[2]にとってとても大切な祭りのひとつに、「死者の日」というのがあります。一一月一日から二日にかけて死者たちが帰ってくる日で、村の墓場で死者たちと一緒に歌ったり踊ったりして、夜と昼を楽しく過ごします。何日も前からこの日のために、ごちそうを作ったりして準備をします。一緒に過ごす死者の範囲は、「自分の死者たち」で、血縁関係の近さとは必ずしも同じではなく、なつかしいと思う死者たちだということです。もう一つ面白いのは、ごちそうを「自分の死者たち」の数よりも一人分多く、余分に作っておくのだそうです。どの生者にも呼び出されない孤独な死者たちもいるので、そういう死者たちがうろうろしていると、どこかの家族に呼び出されている死者の一人が、「おれと一緒に来いよ」といって誘うのです。そういうプラスワンの死者が来たとき

この語に注目

〈重要語〉
▼「余分の一人分」
〈対比〉
▼インディオ↕ベンジャミン・フランクリン
▼「前近代」↕「近代」

トピック

死者の日 ラテンアメリカ諸国で行われる祝日の一つで、特にメキシコで行われる盛大な祝祭が有名である。町じゅう、マリーゴールドの花や色とりどりのガイコツで装飾され、パーティや仮装パレードが行われる。死者の魂が戻ってくるという点は、日本のお盆と同じであるが、ラテン文化らしく、とにかく派手で明るいお祭りとなっている。

に、ごちそうの数に余裕がないとさびしい思いをさせるので、必ず余分に作っておくのです。これはもちろんメキシコの、生者の社会の投影です。メキシコでは友人を二人誘うと[順接]、その友だちとかフィアンセ[3]とかを引き連れて右四人[4]で来たりする。こうして友情が広がってゆく。この社会が「よそ者」にとっても魅力的なのは、[1]こういう感覚から来るように思います。死者の日のごちそうの「余分の一人分」ということは、社会学にとっても究極の理想でもある「開かれた共同体」、「自由な共同体」ということとも関わる話で、たくさんのことを考えさせます。

死者の日のごちそう

2　マックス・ウェーバー[5]の「プロテスタンティズムの倫理と資本主義の〈精神〉」という論文は、社会学の最も重要な古典のひとつです。マックス・ウェーバーはこの論文で、近代社会を形作ってきた基本的な「精神」を説き

1 **メキシコ**　アメリカ合衆国の南に位置する合衆国。一四世紀ごろからアステカ文明で繁栄した後、スペインに征服され、一九世紀に独立した。

2 **インディオ**　中南米の先住民。

3 **フィアンセ**　婚約者。［フランス語］fiancé

4 **右四人**　以上四人で、の意。ここでの「右」は、「これまでに述べたこと」「以上」の意味で用いられている。

問1　「こういう感覚」とはどのような感覚か。

5 **マックス・ウェーバー**　Max Weber 一八六四―一九二〇年。ドイツの社会学者。西欧近代の文明の根本的な原理を「合理性」であるとし、宗教社会学の領域を切り開く一方、社会における支配の構造を明らかにした。

—〈投影〉〈魅力的〉〈倫理〉

明かしているのですが、その核心にある典型例として紹介しているのが、ベンジャミン・フランクリン[6]、アメリカの一〇〇ドル紙幣の肖像になっている人物の、"Time is money"（「時は金なり」）という生活信条です。少し引用してみます。

「一日に自分の時間の中から一グロート[7]銀貨に相当するだけの時間（それはおそらく数分間にすぎないだろう）を無為に過ごす者は、一年間には六ポンド[8]を浪費するものであり、六ポンドを失うものは、一〇〇ポンドを使う権利を失うのである。五シリング[9]の価値のある時間を無為に浪費するものは、五シリングを海に捨てるのと同じことである。五シリングを失うものは、これを生業に用いて回転させることによって得る一切の利益を失うものである。この利益は青年がそうとうの年配に達するまでには、巨大な金額にのぼることであろう。」時間を貨幣と同じように考えてこのように「使う」精神こそが資本主義社会、つまり「近代」の社会を形成してきたことを、ウェーバーはみごとに解き明かしています。

3　死者たちのための食事を何日もかけて準備し、一日をその墓場で過ごし、そのうえさらに、ゆかりもない死者のために余分の一人分までも用意するということは、「Time is money」の精神からすれば、ムダの上にムダを重ねるようなものです。ちなみにあまり知られていないことですが、ベンジャミン・フランクリンは、こういうアメリカの原住民（インディオたち）が、一人残らず絶滅してしまえばいいと、手紙の中で書いています。インディオが社会の近代化の中で、生

6 **ベンジャミン・フランクリン** Benjamin Franklin 一七〇六－九〇年。アメリカ合衆国の政治家・物理学者。科学や発明で業績を残す一方、政治家として公職に就き、アメリカ建国の父と称される。

7 **グロート** かつてイギリスで使われていた通貨単位。

8 **ポンド** イギリスで使われている通貨単位。

9 **シリング** かつてイギリスで使われていた通貨単位。ポンドの二〇分の一。

活を合理化しようとすれば、真っ先に削り落とされるのは、この「余分の一人分」でしょう。けれどもそのときこの社会からは、何かある本質的なものが、削り落とされることになるだろう。人生は何かを失うことになるだろう。削ぎ落とされたものは、フランクリンの貨幣換算のように計算してみることもできないし、目にも見えないし言葉にもほとんどならないものです。

4 社会の「近代化」ということの中で、人間は、実に多くのものを獲得し、また、実に多くのものを失いました。獲得したものは、計算できるもの、目に見えるもの、言葉によって明確に表現できるものが多い。しかし喪失したものは、計算できないもの、目に見えないもの、言葉によって表現することのできないものが多い。

5 ぼくたちは今「前近代」に戻るのではなく、「近代」にとどまるのでもなく、近代の後の、新しい社会の形を構想し、実現してゆくほかはないところに立っている。積極的な言い方をすれば、人間がこれまでに形成してきたさまざまな社会の形、「生き方」の形を自在に見はるかしながら、ほんとうによい社会の形、「生き方」の形というものを構想し、実現することのできるところに立っている。

6 この時に大切なことは、異世界を理想化することではなく、〈両方を見る〉ということ、方法としての異世界を知ることによって、現代社会の〈自明性の

問2 「そのとき」とはどのようなときか。

問3 「両方」とは、何と何をさすか。本文中のことばで答えよ。

〈信条〉〈無為〉〈合理化〉
〈喪失〉〈自在〉
〈見はるかす〉

檻《おり》〉の外部に出てみるということです。さまざまな社会を知る、ということは、さまざまな生き方を知るということであり、「自分にできることはこれだけ」と決めてしまう前に、人間の可能性を知る、ということ、人間の作る社会の可能性について、想像力の翼を獲得する、ということです。

レッツ・トライ！

1 本文の内容と合致するものを次の中から一つ選び、記号で答えなさい。

(ア) 現代社会に生きるわれわれは、「余分の一人分」を作っておくインディオの精神に戻るべきである。

(イ) 現代社会に生きるわれわれは、「時は金なり」という生活信条を忘れずに日々を過ごすべきである。

(ウ) 現代社会に生きるわれわれは、マックス・ウェーバーにならって近代社会の精神を学ぶべきである。

(エ) 現代社会に生きるわれわれは、前近代と近代の両方の社会を見て、社会の可能性を想像するべきである。

2 本文の構成について述べたものとして最も適切なものを次の中から一つ選び、記号で答えなさい。

(ア) 1では、結論と関係する具体例を挙げ、2以降で詳しく論じる内容の問題提起をしている。

(イ) 2では、1の具体例と対照的な話題を提示し、3で双方を結びつけて詳しく説明している。

(ウ) 4では、ここまで述べてきた内容を整理した上で、一旦結論を述べ、新たな問題提起をしている。

(エ) 56では、4までの内容をさらに発展させ、1の具体例を重視して、結論を述べている。

●評論の型をとらえよう！

導入 メキシコのインディオの「死者の日」[1]

> 「余分の一人分」のごちそう
> ｜
> 「開かれた共同体」「自由な共同体」
> **〈前近代〉の社会**

↓ 近代化

展開〈[2]〜[4]〉

ベンジャミン・フランクリンの「時は金なり」という生活信条[2]

> 時間を貨幣換算
> ｜
> 資本主義社会
> **〈近代〉の社会**

近代化〈[3][4]〉

> **獲得したもの**
> 計算できるもの
> 目に見えるもの
> 言葉で表現できるもの
> **〈近代〉**

⇕

> **喪失したもの**
> 計算できないもの
> 目に見えないもの
> 言葉で表現できないもの
> **〈前近代〉**

結び 両方を見て異世界を知ることで自文化を自明のものとせず、近代の後の社会の可能性を想像〈[5][6]〉

●表現と構成

冒頭の[1]では、メキシコのインディオの「死者の日」を例に、「前近代」の社会のようすが書かれている。ここでは、「『余分の一人分』を作っておく」という点がポイントとなる。

続く[2]では、マックス・ウェーバーの著述にある、ベンジャミン・フランクリンの「時は金なり」という生活信条が引用され、[1]と対照的な「近代」の社会の精神が述べられている。[3]では[1]と[2]の内容が対比的に考察され、[4]で、「近代化」によって獲得されたものと喪失されたものがまとめられている。

さらに[5]で、現代社会に生きる私たちの立ち位置が明らかにされ、最後の[6]で、「『前近代』と『近代』の両方を見て異世界を知り、自文化を自明のものとすることなく、近代の後の世界の可能性を想像することが大切である」と結論づけられている。最後の部分で、ここまで対比的に描かれてきた**「前近代」**と**「近代」**が総合され、現代における生き方の問題にまで広げられていることに注意する。

ココがポイント！

Q **「方法としての異世界を知ることによって、現代社会の〈自明性の檻〉の外部に出てみるということ」**（六一・17）**ってどういうこと？**

A 本文で**「異世界」**として挙げられていたのは、具体的にどのような**「世界」**だったでしょうか。**「死者の日」**に**「余分の一人分」**を作っておくという、メキシコのインディオの例ですね。近代化を果たした現代社会から見ると、「余分の一人分」は明らかにムダのように思えます。**〈自明性の檻〉**という比喩は、そのように、自分たちの目から見て当然・明らかと思えることのみを道理とするような、固定観念にとらわれているさまを言います。そして、そうした〈檻〉に気づく手がかり＝「方法」として「異世界」があるのです。

よって、この部分の内容は、**「さまざまな他文化のあり様を知って、自文化を当然のものとしないようにすること」**となります。現代社会に生きるわれわれは、そのような点に気を付けて、広くさまざまな世界を見ることが大切だと筆者は考えているのです。

●要約してみよう

◆次の空欄を埋めて百字以内で要約を完成させよう。

メキシコの祭りでは、（　Ａ　）作る。このような「前近代」の価値を否定し、（　Ｂ　）して近代化してきたが、（　Ｃ　）が大切である。

【要約のヒント】 本文では、メキシコの祭りの話（[1]）とベンジャミン・フランクリンの「時は金なり」の話（[2]）が、「前近代」と「近代」の例として登場する。（Ａ）は[1]の語句を使い、（Ｂ）は[2][3]の内容からどのように社会が近代化してきたかを読み取って、空欄に合うように入れるとよい。（Ｃ）は両方の価値をもとに結論づけている[5][6]の内容をもとに、筆者の主張をまとめる。

▼▼評論文キーワード

●自明　説明しなくても明白なこと。「自《おの》ずから明らか」と訓読できることからも、意味がイメージできるだろう。評論では、「自明（性）」のほか、**「自明の理」**（説明しなくても明らかな道理・論理）という表現もよく使われる。

読み方ステップ…❻

第一部のまとめ

ここまで評論の読み方について、ざっと学んできました。第一部の最後の二つの評論を通じて、そのまとめをしてみましょう。

「フェアトレードとは何か」は、経済を題材に「フェア」とは何かを問う文章でした。筆者はまずフェアとトレードという言葉の根本に立ち返り、フェアでなければトレードは成り立たないのだから、この言葉は「ちょっとおかしな表現だ」（四九・9）という疑問から「ではなぜ、『フェアトレード』などという活動があるのか」（四九・17）という**問題提起**をします。先進国の人が着る服についての話題が例示され、「経済競争の枠のなかでは」フェアは言葉本来の**フェア**ではないということが論じられます。資本主義社会の**「常識を疑」っている**わけです。

小説『モモ』やインドの古い格言が**引用**され「フェア」という言葉の筆者なりの定義で**結論**となります。

「方法としての異世界」は「プラスワンの死者」というメキシコのインディオの社会と「時は金なり」という資本主義社会とを**対比**させた文章でした。それぞれの社会の具体例の対比が**抽象化**されて「異世界（西洋以外の社会）の価値観」と「近代社会（西欧文化の社会）の価値観」の対比になり、同時に「前近代／近代」、「非合理／合理」、「失ったもの／獲得したもの」、などの対比にもなっています。抽象化するときには、**一つだけでなく、複数の対比のポイントが見出だされることが多いので、**しっかり読み取ってください。ここにはマックス・ウェーバーとベンジャミン・フランクリンの**引用**や、そこで語られた「時は金なり」という**隠喩**の表現も使われています。また、最後の「大切なことは、異世界を理想化することではなく」（六一・16）とは、**どんなものでも絶対視をしないという意味で「常識を疑う」**という評論の基本姿勢に通じる考え方だと言えるでしょう。

「絶対」が「他に比較するものがなく成り立っているもの」ならば、対義語である**「相対」**とは「他との関係の上に成り立っているもの」です。「他との関係」を見るためには必ず**対比**が必要です。これらの評論には、ここまでに学んだことがたくさん出てきていましたね。この後の評論も少しずつ難しくなりますが、これまで学んだ「読む技術」を使えば、怖くありません。読解のレベルを徐々にあげて、評論の面白さを味わいましょう！

第二部

言語

ものとことば

鈴木《すずき》孝夫《たかお》

私たち一人一人にみな名前があるように、私たちの周囲の「もの」たちも、名前があるから区別することができる。では、そのとき言葉は、いったいどんな役割を果たしているのか？　身近な具体例から出発し、「言葉とは何か？」という本質的な問いに進んでいく。評論文とは、まさに「思考」へのステップなのである。

1　私がいま向かっている机の上には、電気スタンド、タイプライター[1]、灰皿、本、手紙、原稿用紙、ボールペン、消しゴム、ライター、鉛筆などが雑然とちらかっている。

2　引出しを開ければ、ここには細かい文房具、画鋲《がびょう》、ハサミ、鍵、ホチキス、ナイフ、名刺の束など何十種類もの品物が、ぎっしりだ。

3　私が身につけているものだけでも、洋服、セーター、ネクタイ、ワイシャツ、靴下に始まって、眼鏡、腕時計、バンドなど、*十指《じっし》ではとうてい数え切れない。

4　この調子で、人間が作り出し、利用している製品の種類を考えてみると、見当もつかないほどの*多岐《たき》にわたっていることがわかる。

5　[1]また自然界には、何万という鳥類や動物の種類がいる。昆虫は何十万種とも

この語に注目

〈重要語〉

▼ことばは人間が世界を認識する窓口

トピック

「虚構の分節」　言語によって、現実の区切り方は異なる。例えば、色彩は無限に細かい変化を伴いながら紫から赤まで連続している。しかし、言語ごとに色彩を表す単語数は異なる。そのため、色彩を表す単語が多い日本では「虹」を七色で表現するが、中央アフリカ共和国の一言語であるサンゴ語では、虹を「vuko」と「bengwbwa」という二色で表現する。その結果、日本人は「虹」を七色として認識するが、サンゴ語を使用している人は、「虹」を二色として認識する、ということになる。

言われるし、その上膨大な数の植物がある。そしてこれらはすべて固有の名称を持っているのだ。

6　名前がついているのは、ものだけではない。物体の動き、人間の動作に始まって、心の動きなどという、微妙なことにも、一々それを表すことばがある。事物の性質にも、いや事物と事物の関係にさえ、それを表す適切なことばが対応しているのだ。

7　こんな調子で、世界には、はたして何種類のもの（事物や対象）や、こと（動き、性質、関係など）が存在するのだろうかと考えてみると、気が遠くなるほどである。

8　しかもものやことの数、そしてそれに対応することばの数は、いま述べたような事物や性質の数の、単なる総和に止まらない。

9　たとえば自動車という一種類のものがある。ところがこれは、約二万個の部品からできている。それにいちいち名がついているのは勿論《もちろん》である。ジェット機になれば、部品の数は一ケタ上るという。更に面倒なことに、これらの部品の一つ一つは、当然のことながら、いろいろな物質から成る材料からできていて、それも全部名前があるという具合に、どんどん細かくなっていく。

10　こんな風に、ものとことばは、互いに対応しながら人間を、その細かい網目の中に押し込んでいる。名のないものはない。「森羅万象[2]には、すべてそれを表

1 **タイプライター**　指で鍵盤をたたき、文字を紙面に印字する機械。［英語］typewriter

問1　「また自然界には」とあるが、「自然界」と並列関係にある語句を抜き出せ。

2 **森羅万象**　宇宙に存在するすべてのものごと。

〈固有〉〈総和〉
＊十指では数えきれない
＊多岐にわたる

すことばがある。」これが私たちの素朴な、そして確たる実感であろう。

11 この、ものがあれば必ずそれを呼ぶ名としてのことばがあるという考えと、同じくらいに疑いのないこととして、多くの人は「同じものが、国が違い言語が異なれば、全く違ったことばで呼ばれる」という認識を持っている。犬という動物は、日本語では「イヌ」で、中国語では「狗《ゴウ》」、英語でdog《ドッグ》、フランス語でchien《シアン》、ドイツ語ではHund《フント》、ロシア語でсобака《サヴァーカ》、トルコ語でköpek《ケペク》といった具合に、さまざまな形のことばで呼ばれる。

12 私たちが学校で外国語を勉強する時や、辞書を引いて、日本語のあることばは、外国語ではなんと言うのかを調べる時は、この同じものが、言語が違えば別のことばで呼ばれるという、一種の信念とでもいうべき、大前提をふまえているのである。

13 ところが、ことばとものの関係を、詳しく専門的に扱う必要のある哲学者や言語学者の中には、[2] このような前提について疑いを持っている人たちがいる。私も言語学の立場から、いろいろなことばと事物の関係を調べ、また同一の対象がさまざまな言語で、異なった名称を持つという問題にも取り組んできた結果、今では次のように考えている。

14 それは、ものという存在が先ずあって、それにあたかもレッテル[3]を貼るよう

問2 「このような前提」とはどのような「前提」か。

3 レッテル 製造会社などが自社製品に貼る、品名・発売元などを記した紙の札。［オランダ語］letter

な具合に、ことばが付けられるのではなく、ことばが逆にものをあらしめているという見方である。

15 また言語が違えば、同一のものが、異なった名で呼ばれるといわれるが、名称の違いは、単なるレッテルの相違にすぎないのではなく、**3** 異なった名称は、程*度の差こそあれ、かなりちがったものを、私たちに提示していると考えるべきだというのである。

16 私の立場を、一口で言えば、[4]「始めにことばありき」ということにつきる。

17 もちろん始めにことばがあると言っても、あたりが[5]空々漠々《ばくばく》としていた世界の始めに、ことばだけが、ごろごろしていたという意味ではない。またことばがものをあらしめるといっても、ことばがいろいろな事物を、まるで鶏《にわとり》が卵を生むように作り出すということでもない。ことばがものをあらしめるということは、世界の断片を、私たちが、ものとか性質として認識できるのは、ことばによってであり、ことばがなければ、犬も猫も区別できない筈《はず》だというのである。

18 ことばが、このように、私たちの世界認識の手がかりであり、唯一の窓口であるならば、ことばの構造やしくみが違えば、認識される対象も当然ある程度変化せざるを得ない。

19 なぜならば、以下に詳しく説明するように、ことばは、私たちが素材として

問3 「異なった名称は、程度の差こそあれ、かなりちがったものを、私たちに提示していると考えるべきだというのである。」とあるが、この部分を詳しく説明している段落はどの段落か。

4 **「始めにことばありき」** 新約聖書「ヨハネ伝」冒頭のことばで、創世は神のことばからはじまり、ことばは神である、という意。

5 **空々漠々** さえぎるものがなく、限りなく広いさま。

〈認識〉〈対象〉〈構造〉
＊程度の差こそあれ

の世界を整理して把握する時に、どの部分、どの性質に認識の焦点を置くべきかを決定するしかけに他ならないからである。いま、ことばは人間が世界を認識する窓口だという比喩を使ったが、その窓の大きさ、形、そして窓ガラスの色、屈折率などが違えば、見える世界の範囲、性質が違ってくるのは当然である。そこにものがあっても、それを指す適当なことばがない場合、そのものが目に入らないことすらあるのだ。

20 人間の視点を離れて、たとえば室内に飼われている猿や犬の目から見れば、ある種の棚と、机と、椅子の区別は理解できないだろう。机というものをあらしめているのは、全く人間に特有な観点であり、そこに机というものがあるように私たちが思うのは、ことばの力によるのである。

21 このようにことばというものは、渾沌《こんとん》とした、連続的で切れ目のない素材の世界に、人間の見地から、人間にとって有意義と思われる仕方で、虚構[6]の分節[7]を与え、そして分類する働きを担っている。言語とは絶えず生成し、常に流動している世界を、あたかも整然と区分された、ものやことの集合であるかのような姿の下に、人間に提示して見せる虚構性を本質的に持っているのである。

6 **虚構** 事実でないことを事実らしく見せかけること。ここでは、何の必然性もなく、人間の見地から、人間が勝手に作った、という意。

7 **分節** 一続きになった全体にいくつかの区切りをつけること。また、そのひと区切り。

〈観点〉〈渾沌〉〈虚構〉〈生成〉〈流動〉〈提示〉〈本質的〉

レッツ・トライ！

1 本文の内容と一致するものを次の中から一つ選び、記号で答えなさい。

(ア) 言語は人間が勝手に作り出した虚構に過ぎず、現実の世界を正しく反映したものではない。

(イ) 私たちは、使用している言語の分節の仕方に従って「もの」や「こと」の存在を認識する。

(ウ) 世界に存在しているすべての「もの」や「こと」を言語によって認識することはできない。

(エ) 人間が世界を正しく認識するために、最終的にはどうしても言語を使用せざるを得ない。

2 本文の構成について述べたものとして最も適切なものを次の中から一つ選び、記号で答えなさい。

(ア) [1]～[12]では、常識的で素朴な言語観が述べられ、[13]～[21]ではそれと異なる筆者の言語観が述べられている。

(イ) [1]～[12]では、言語観の大前提が述べられ、それに添う形で[13]～[21]では筆者の言語観が述べられている。

(ウ) [20][21]では、[1]～[12]で述べられた言語観とそれに対立する[13]～[19]の筆者の言語観がまとめられている。

(エ) [1]～[12]の言語に関する問題提起を受けて、[13]～[21]ではそれに対する筆者の基本的な考えが述べられている。

評論の型をとらえよう!

導入【一般的な言語観】〈1〜12〉

【ことばの性質Ⅰ】

世界（先に存在）〈1〜10〉

何種類もの「もの」（事物や対象）

何種類もの「こと」（動き・性質・関係）

表現

ことば（後からレッテルを貼る）

【ことばの性質Ⅱ】〈11 12〉

同じものが、言語が違えば別のことばで呼ばれる

⇔

展開【筆者の考え】〈13〜19〉

初めにことばありき
＝世界を認識する窓口

【ことばの性質Ⅲ】〈14〜17〉

ことばがものを あらしめる
＝存在・認識させる

【ことばの性質Ⅳ】〈18 19〉

ことばが違えば、見える世界の範囲・性質が違ってくる

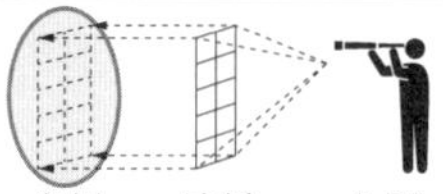

世界　言語　人間

結び【まとめ】〈20 21〉

ことば＝対象を認識・連続した世界を分節する働き

●表現と構成

1〜10までは、まず、世界には「もの」や「こと」が先に存在し、それにレッテルを貼るように「ことば」が存在しているという私たちの「素朴な」「実感」としての**一般的な言語観**が述べられている〈Ⅰ〉。次に、11 12では、「国が違い言語が異なれば」同じものも「違ったことばで呼ばれる」という、「一種の信念」とも思える一般的な言語観が述べられている〈Ⅱ〉。

それに対して、筆者は「始めにことばありき」という考えを示す。〈Ⅰ〉に対しては、14で、「ことばが逆に**ものをあらしめている**」と述べ、さらに、17で、私たちは、ことばによってものとか性質を認識する、と説明を加えている〈Ⅲ〉。また、〈Ⅱ〉に対しては、18 19で、国によって「ことばの構造やしくみ」が違えば、「認識される対象」＝「見える世界の範囲、性質」が違ってくると一般的な言語観とは異なる言語観を提示している〈Ⅳ〉。

最後に「まとめ」として、20で〈Ⅲ〉を改めて確認し、21で、〈Ⅳ〉をさらに発展させ、ことばによって見える世界が異なることを、ことばによって、連続する世界を「分節」するその仕方が異なる点に、言及している。

ココがポイント！

Q　**「ことばが逆にものをあらしめている」**（七一・1）**ってどういうこと？**

A　「ものをあらしめている」とはどういうことなのでしょう。「しめ」は使役表現で、「〜させる」という意味ですので、「あらしめている」とは**「存在させている」**と置き換えることができます。でも、「もの」って、もともと既に「存在」しているはずなのに、どうして「ことば」が「もの」を「存在させている」ということになるのでしょうか。それは、「存在」する「場所」が問題になります。「ことば」が「もの」を「存在させている」「場所」は、私たちの頭の中、つまり、「意識の中」です。17に「世界の断片を、私たちが、ものとして認識できるのは、ことばによってであり」とあります。「認識」が行われるのは「意識の中」です。例えば、「犬」と「狼」を区別せず、仮に「イオ」と呼ぶ言語があれば、それを使っている人々は、自分の意識の中で「犬」と「狼」を区別せずに、同じ「もの」（イオ）としてとらえるのです。

●要約してみよう

◆次の空欄を埋めて百字以内で要約を完成させよう。

私たちは、ことばによって（　A　）し、しかも人間の見地から与えられた、（　B　）する各言語の虚構の分節に従って、（　C　）な世界を整然と区別して認識している。

【要約のヒント】（A）は、**【ことばの性質Ⅰ】**についての**【筆者の考え】**を14 17を中心にまとめる。（B）は、**【ことばの性質Ⅱ】**について19から適切な語句を抜き出し、字数を調整。（C）は**【まとめ】**の部分にあたる21から「世界」について説明されている語句を抜き出す。

▼▼評論文キーワード

●認識　人間が理性や感性や直感などの働きによって物事の存在や性質、あるいは他の物事との関係などについて正しい判断をもつこと。また、それによって知り得た内容、知識。評論では、**自己認識**（＝アイデンティティ）という語は頻出。

文化

交易の起源

内田《うちだ》 樹《たつる》

「沈黙交易」は、人類が最も初期に編み出した交易の方法の一つとされる。筆者は、「沈黙交易」の謎に迫ることで、読者にどんなことを伝えようとしているのか。文章こそ親しみやすいが、内容は決して平易ではない。逆説的な言いまわしに注意しながら、筆者の主張を発展させて考えてみよう。

1 「沈黙交易」ってご存じですか？

2 「沈黙交易」というのは、言語も通じないし、文化や社会組織も違う異部族間で、それぞれの特産品を無言のうちに交換する風習のことです。

3 例えば、双方の部族のどちらにも属さない中間地帯のようなところに、岩とか木の切り株とか、そういう目立つ場所があるとしますね。そこに一方の部族の人が何か彼らのところの特産品を置いていきます。そして、彼が立ち去った後に、交易相手の部族の人がやってきて、それを持ち帰り、代わりに彼の方の特産品をそこに残してゆく。そういうふうにして、顔を合わせる*ことなしに行う交易のことを「沈黙交易」と言うのです。

4 これがたぶん交換というものの起源的な形態ではないかと私は思います。

この語に注目

〈重要語〉

▼価値（観）

〈対比〉

▼熟知↔謎

トピック

交易 特定の個人間あるいは集団間において、互いに価値あるものを交換するあり方。「貿易」とは異なり、貨幣を媒介とする商業的交換だけでなく、儀礼的要素の色濃い物々交換も意味として含まれる。

本文では、相手との価値共有こそ交易の前提であるという一般的な見識に筆者が異議を唱えることで、読者に知的興奮を与えつつ、価値（観）の多様性が持つ豊かさについて、独特の展開で論じられる。

5　どこが「起源的」かと言いますと、「言語も通じないし、文化や社会組織も違う」もの同士のあいだで「特産品」をやりとりする、という点です。

6　言語も社会組織も違う集団というのは、言い換えると価値観が違う集団ということですよね。あるいは、ものの価値を計るときに使う度量衡[1]を共有していない集団と言い換えてもいいです。

7　そのような集団がそれぞれの「特産品」を取り替える。

8　「特産品」というのも、❶たいせつな条件ですね。

9　両方の部族がどちらも所有していて、その使用価値がわかっている品物を交換*するわけではないんです。「特産品」というのは、みなさんも旅行先でお土産店なんかで見たことがあるでしょうけれど、しばしば何に使うのかわからないものですね。「すりこぎ[2]」だと思ったら、ゆでて食べるものであったり、食べものだと思ったら、入浴剤だったり。そういうことがありますね。

10　「特産品」というのは、本来はその集団外の人間には、その使用価値がわからないもののことです。何度も同じものを受け取っているうちに、「ああ、これはこうやって使うのか」と誰かが気づいたでしょうけれど、少なくとも、いちばんはじめに沈黙交易が行われた、一回目の交換のときには、その価値の知られないものだった。

11　ものごとを根源的に考えるときは、❷ここのところがかんじんです。その制度

---

1 **度量衡**　長さ・容積・重さの基準や単位。

問1　「たいせつな条件」とあるが、何にとっての「たいせつな条件」か。本文から抜き出して答えよ。

2 **すりこぎ**　すり鉢でものをすりつぶすのに用いる棒。山椒《さんしょう》の木でできたものが上質とされる。

問2　「ここのところ」とは何をさすか。本文中から抜き出せ。

〈起源〉〈形態〉〈根源〉
*〜することなしに
*〜するわけではない

の「起源」に立ち返るということです。最初の最初はどうだったのかを考えることです。

12 沈黙交易の最初のとき、人間たちはそれにいかなる価値があるのかわからないものを交換し合った。

13 ここが話のかんどころです。

14 社会科の教科書には、ときどき「山の人は海産物を求め、海辺の人は山菜を求めて、特産物を交換しました。これが交易の始まりです。」というような記述がありますけれど、こういうことを簡単に信じてはダメですよ。「山の方の人はタンパク質が足りず、海の方の人は繊維質が足りなかったので、特産物を交換しあった。」なんていう栄養学的説明は後世の人間の「あ[3]と知恵」です。魚を食べたことがない

3 **あと知恵** 物事が済んでしまった後からその原因に言及すること。

人が「魚で不足がちのタンパク質を補給しなきゃね。」なんて思うはずがありません。

15 いかなる＊価値があるのかわからないものを交換しあうというのが沈黙交易の（言い換えると、起源的形態における交換の）本質です。私はそうじゃないかと思います。

16 クロマニヨン人たち[4]（沈黙交易を始めたのは、彼らです。今からざっと五万年ほど前の話です）は、おそらく交換がしたかっただけなんです。だから、交換するものはなんでもよかった。

17 [問3]＊というよりむしろ、交換相手にとってできるだけ「なんだかわからないもの」を選択的に交換の場に残してきたんじゃないかと私は思いますよ。

4 **クロマニヨン人** フランス南西部のクロマニョン洞窟で一八六八年に発見された、旧石器時代末の化石人類。［フランス語］Homme de Cro-Magnon

問3 「というよりむしろ……」とあるが、どんな内容に対して「むしろ」以降の内容であるというのか。

〈かんどころ〉
＊いかなる
＊というよりむしろ

18 だって、交換相手がその価値をよく知っているものや、すでに所有しているものだと、「なんだ、あれか……」ということで、それっきり沈黙交易が終わってしまう可能性がありますからね。

19 私が五万年前の史上最初の沈黙交易の当事者であったとしたら、ぜったいに「それがなんだか相手に簡単には見破られないもの」を交換のために選びますね。

20 それに対して、相手も負けずに「なんだかわからないもの」を置いてゆく。

21 それを囲んで、私たちはみんなで考える。「なんだろう、これは？」

22 当然、向こうでも、こちらの置いていった特産品を囲んで、こちらと同じことをやっています。

23「どうして『あいつら』はこんなものに価値があると思って財貨として扱っているんだろう？　どうもよくわからない。」ということになると、「じゃ、ま、次行ってみようか。」ということになりますね。

24 ❹つまり、沈黙交易においては、価値のあるものを贈られたので、それにちゃんとお応えしようとして、等価物を選んで贈り返すわけではないんです。

25 価値がよくわからないものを贈られたので、困ってしまったんですね、これが。

26 困ってしまった。しかし、この窮状を打開するためには、さらに交易を続けて、あちらが持ち込んでくる「商品」の価値がどういう基準で設定されているの

問4 「つまり」とあるが、これはどの部分の内容をまとめたものか。段落番号でその範囲を答えよ。

か、とにかくそれを解明する*他ない……ということになります。

27 当然そうなります。

28 私たちは相手が贈ってきたものがどういう価値のものかまるまる全部わかってしまう場合には、それ以上その人と取引する意欲が減退してしまうからです。

29 交易というのは、そういうものなんですよ。みなさん。

30 みなさんは、まだお若いからビジネス[5]というものの経験がないでしょうけれど、この機会によく覚えておいて下さいね。

31 ビジネスというのは、良質の商品を、積算[6]根拠の明快な、適正な価格設定で市場に送り出したら必ず「売れる」というものではありません。

32 いや、一回目は売れるかも知れませんが、繰り返し同系列の商品が売れ続けるということは起こりません。

33 交易が継続するためには、この代価でこの商品を購入したことに対する割り切れなさが残る必要があるのです。クライアント[7]を「リピーター[8]」にするためには、「よい品をどんどん安く」だけではダメなんです。「もう一度あの場所に行き、もう一度交換をしてみたい」という消費者の欲望に点火する、価格設定にかかわる「謎」が必須なんです。

5 **ビジネス** 商業上の取引のこと。［英語］business

6 **積算** 予算の算出のこと。

7 **クライアント** 得意先・顧客。もともと弁護士・医師・カウンセラー・会計士・建築家・広告会社など、専門知識を有する職業の顧客を意味する語。ここは「消費者」（カスタマー［英語］customer）の意。［英語］client

8 **リピーター** 同じ店やものを何度も繰り返し利用する人。［英語］repeater

＊〜する他ない

〈財貨〉〈等価物〉

〈窮状〉〈代価〉〈必須〉

34 ふつうに考えると、相手の姿が見え、相手のことばが理解できて、相手と価値観が共有できる人間と、その意味や価値が熟知されている財を交換することが「交易」であるということになります。

35 しかし、おそらく話[5]は逆なのです。ここでも人間は原因と結果を取り違えています。

36 姿が見えず、ことばがわからず、価値観が違う人間（だかなんだかわからないもの）とも、何かをやりとりすることができたということの達成感が、交易を促した「最初の一撃」です。それによって得られた快感を求めて、もうなんでもいいからじゃんじゃん交換しようということで、その「結果」として、財としての使用価値のわかっているものも交換されるようになったというのが、ことの順序ではないかと私は思います。

問5 「話は逆」とはどのようなことか。

レッツ・トライ！

1　「当然そうなります。」（八一・2）とはどのようなことか。最も適切なものを次の中から一つ選び、記号で答えなさい。

(ア)　沈黙交易においては、価値あるものを贈られたことに応える形でその等価物を贈り返すわけではないということ。

(イ)　沈黙交易を継続させるため、交換の当事者たちはお互い相手に簡単に価値の見破られないものを贈るようになるということ。

(ウ)　交易を続けるには、良質の商品を、積算根拠の明快な、適正な価格設定で市場に送り続ける必要があるということ。

(エ)　交易で得られるものの価値が全て分かってしまうと、それ以上その人と取引する意欲が減退してしまうということ。

2　本文の構成について述べたものとして最も適切なものを次の中から一つ選び、記号で答えなさい。

(ア)　1～3で主題・結論を示し、4以降にその説明・具体例を挙げて展開している。

(イ)　主題を1～3と34～36の両方に書き、間に具体例や説明を書く形で構成されている。

(ウ)　4・15・33・36と繰り返し何度も主題が示され、間で根拠が示されている。

(エ)　1～3を導入として、事例やその説明を展開し、34～36で主題・結論を示している。

評論の型をとらえよう！

導入（起）〈[1]〜[3]〉
「沈黙交易」とは何か
→ 沈黙交易
異部族間でそれぞれの特産品を無言のうちに交換する風習

展開（承）〈[4]〜[16]〉
交換の起源的形態
「沈黙交易」
＝
「起源的」
・言語・文化・社会組織の違う集団間
・相手に価値が不明な「特産品」をやりとり
←
沈黙交易を始めたクロマニヨン人
＝**「交換したかっただけ」**
≠栄養不足を補うため（「あと知恵」）

発展（転）〈[17]〜[33]〉
交易のメカニズム

〈常識的な考え方〉
価値理解が前提
⇔
〈筆者の考え方〉
価値の不明が前提
【理由】
価値理解は交易意欲を減退させるから
↓
交易の継続には、割り切れなさが必要
＝
価値設定に関わる「謎」が必須

結論（結）〈[34]〜[36]〉
私の考える「交易」

〈常識的な考え方〉
価値観の共有が前提
意味や価値を熟知しているものの交換
⇔
〈筆者の考え方〉＝話は逆
価値観が違う人間とやりとりできた達成感
←
何でも交換しようとする
←
価値を理解しているものも交換するように
＝
価値観の多様性の根源的豊かさ

表現と構成

[1]〜[3]は、話題の導入部分。**「沈黙交易」**という聞き慣れない言葉を説明している。

[4]でその「沈黙交易」を「交換というものの起源的な形態」だとし、[5]〜[16]でそう考える根拠を説明しているが、その中で**「あと知恵」**による一般的説明を批判し、**「起源」**に立ち返ることの重要性を強調していることに注目したい。

[17]〜[33]では、「沈黙交易」がどう行われたかの説明を起点に、現代のビジネスのあり方まで話題を広げ、交易のメカニズムを説明していく。**「価値（観）」**の**「熟知・謎」**を軸に、「交易」を継続させるためには何が必要なのか、筆者の考えを理解しよう。

それまでの議論をまとめ、「交易の起源」について筆者の考えを結論として示したのが[34]〜[36]。一見真っ当な、ふつうの考え方を「話は逆」と否定し、豊かな想像力を駆使して自論を繰り広げる筆者のエキサイティングな論の展開を味わいたい。同時に、一つの固定的な価値観に囚われることを良しとせず、多様な価値があるからこそ世界は豊かなのだという筆者の視座を読み取りたい。

ココがポイント！

Q **「ここでも人間は原因と結果を取り違えています。」（八二・4）ってどういうこと？**

A まず、「ここでも」とはどういうことでしょうか。[14]に「社会科の教科書における交易の起源の説明」（七八・8）がありましたが、その場合と同じく、この「ふつうに考えたときの『交易の定義』」[34]においても、「その状態になったそもそものきっかけ」（原因）と「その状態を継続した末の現在の状態」（結果）を誤解しているということです。本来、価値観の異なる人間と価値の不明なものをやりとりできた達成感を「きっかけ」に、その快感を求めて交換を続けたのが「交易」で、やがて価値を共有するものも交換するようになります。それを「交易」の現状から事後的に（＝「あと知恵」によって）、価値観を共有する者同士の価値あるものの交換だと定義することを筆者はここで批判しています。現在のものさしで「起源」を説明する奇妙さは、その当時存在しなかった環境や考え方を基準にしてしまうことによって生じているのです。

●要約してみよう

◆次の空欄を埋めて百字以内で要約を完成させよう。

価値観を共有する（　A　）ではなく、価値観が違う（　B　）が交易の起源で、交換を続けるうちに、現在同様（　C　）するようになった。

【要約のヒント】 結論は[34]～[36]であり、全体のまとめともなっているので、ここをまとめればよい。（A）は[34]の内容を、（B）はそれと対を為す[36]の内容をまとめたものを入れる。[35]の「原因と結果」の内容を意識しつつ、「起源」に対する「結果」を（C）に入れれば完成となる。

▼▼評論文キーワード

●起源　物事が起こった根源・はじまりのことを表す。**「起原」**とも書く。ジャンルを問わず、さまざまな事象の「起源」に対する関心は知的好奇心の中心としてあり、評論で話題になりやすい。

芸術

余白の美学

高階秀爾《たかしなしゅうじ》

豪華で派手な作品と質素で地味な作品。ふつうに見ただけでは正反対の世界を描いているように見える絵であっても、ある立場から見直すことで、共通の美学や美意識を読み取ることができる。筆者による具体例の説明が、文章全体の主張とどうつながっているかを意識しながら、論旨をていねいにあとづけていこう。

1　千利休《せんのりきゅう》[1]の朝顔[2]をめぐるエピソードは、比較的よく知られた話であろう。利休は珍しい種類の朝顔を栽培して評判を呼んでいた。その評判を聞いた秀吉《ひでよし》[3]が実際に朝顔を見てみたいと望んだので、利休は秀吉を自分の邸《やしき》に招く。ところがその当日の朝、利休は庭に咲いていた朝顔の花を全部摘み取らせてしまった。やって来た秀吉は、期待を裏切られて、当然不機嫌になる。しかしかたわらの茶室に招じ入れられると、その床の間に一輪、見事な朝顔が活《い》けられていた。それを見て秀吉は大いに満足したという。

2　このエピソードに、美に対する利休の考えがよく示されている。庭一面に咲いた朝顔の花も、むろんそれなりに魅力的な光景であろう。しかし利休は、その美しさを敢《あ》えて犠牲にして、床の間のただ一点にすべてを凝縮させた。一輪の花

この語に注目

〈重要語〉
2 邪魔なもの、余計なものを切り捨てる
↓
3 余白
↓
5 余計なものを拒否するという美意識

トピック

美学　対象に対して「美しい」と感じる心の動きが「美意識」であり、この美意識が分析され、言葉によって論理的な説明が与えられると、そこに「美学」が生まれる。
　一方で「美学」や「美意識」には、ある人を特殊な行動に導くような主義主張を表すこともあるので注意しよう。

の美しさを際立たせるためには、[1]それ以外の花の存在は不要である。いやそれどころか邪魔になるとさえ言えるかもしれない。邪魔なもの、余計なものを切り捨てるところに利休の美は成立する。

3 つまり床の間の花は、庭の花の不在によっていっそう引き立てられる。このような美の世界を仮に一幅の絵画に仕立てるとすれば、画面の中央に花を置くだけでは不充分であり、一方に花が、そして他方に何もない空間が広がるという構図になるであろう。日本の水墨画における余白と呼ばれるものが、まさしく[2]そのような空間である。

4 この「余白」という言葉は、英語やフランス語には訳しにくい。西洋の油絵では、風景画でも静物画でも、画面は隅々まで塗られるのが本来であり、何も描かれていない部分があるとすれば、それは単に未完成に過ぎないからである。だが例えば長谷川等伯《はせがわとうはく》[4]の《松林図》においては、強い筆づかいの濃墨《こずみ》の松や靄《もや》のなかに消えて行くような薄墨の松がつくり出す樹木の群のあいだに、何もない空間が置かれることによって画面に神秘的な奥行きが生じ、空間自体にも幽遠な雰囲気が漂う。また、大徳寺[5]の方丈に探幽《たんゆう》[6]が描いた《山水図》では、何もない広々とした余白の空間が、あたかも画面の主役であるかのように見る者に迫って来る。

5 もともと余計なもの、二義的なものを一切排除するというのは、日本の美意

1 **千利休** 一五二二—九一年。安土桃山時代の茶人。侘《わ》び茶を大成した。織田信長《おだのぶなが》・豊臣秀吉《とよとみひでよし》に仕えたが、最期は秀吉の命で自刃した。

2 **朝顔** ヒルガオ科の一年草。夏の朝、らっぱ状の花が咲く。

3 **秀吉** 豊臣秀吉。一五三七—九八年。安土桃山時代の武将。織田信長に仕え、信長の死後、その後を継いで天下統一を成し遂げた。

問1 「それ以外の花」とは何か。

問2 「そのような空間」とは、どのような空間か。

4 **長谷川等伯** 一五三九—一六一〇年。桃山時代の画家。金地濃彩画や水墨画で独自の画風を確立した。

5 **大徳寺** 京都市北区にある臨済宗大徳寺派の総本山。

6 **探幽** 狩野《かのう》探幽。一六〇二—七四年。江戸時代初期の画家。

長谷川等伯「松林図屏風」（東京国立博物館）

識の一つの大きな特色である。京都御所の[7]紫宸《ししん》殿《でん》の庭は、西欧の宮殿庭園に見られるような花壇や彫像や噴水はまったくなく、ただ一面に白い砂礫《されき》を敷きつめただけの清浄な空間であり、あらゆる装飾や彩色を拒否した簡素な[8]白木造りの[9]伊《い》勢《せ》神宮《じんぐう》は、今日に至るまでもとのままのかたちで受け継がれ、生き続けている。伊勢神宮の[10]式年造替《しきねんぞうたい》（遷宮《せんぐう》）が始まったのは紀元七世紀後半のこととされており、建物の原型もほぼその頃に成立したと考えられているが、当時日本にはすでに、大陸からもたらされた仏教が一世紀以上の歴史を経て定着しており、それにともなって「[11]青丹《あおに》よし奈良の都」と言われる通り、多彩な仏教寺院建築も、奈良をはじめ日本の各地に建てられていた。仏教寺院の場合、建築工法も、柱を[12]礎石の上に置き、屋根は[13]瓦葺《かわらぶ》きという進んだやり方で、[14]掘立柱《ほったてばしら》、[15]萱葺《かやぶ》きの伊勢神宮より、保存性もはるかに高い（それゆえに、伊勢神宮は二十年ごとの建て替えが必要となる）。伊勢神宮でも、周囲にめぐらされた[16]高欄の部分など

7 紫宸殿　平安京内裏の正殿。天皇の即位式など、さまざまな儀式が行われた。「ししいでん」とも。

8 白木造り　着色せず、木の地肌そのままの木材を使って建築すること。

9 伊勢神宮　三重県伊勢市にある神社。「伊勢神宮」は通称で、正式にはただ「神宮」と称される。

10 式年造替　神社において、定期的に神殿を造りなおすこと。伊勢神宮の場合は二〇年ごとに行われる。

11 青丹よし　「奈良」にかかる枕詞。語源は諸説あるが、奈良平城京の建物の朱色に木々の緑が映えている様からとも言う。

12 礎石　建築物の基礎となる石材。

13 瓦葺き　瓦を使って屋根を造ること。

14 掘立柱　掘った穴の中に立てる柱。その後、柱の周囲に土をかぶせて埋め直すことで、建築物の基礎とする。

に仏教建築の影響が認められるから、その造営にあたった工匠たちが大陸渡来の新技術を知らなかったわけではない。だがそれにもかかわらず、日本人は敢えて古い、簡素な様式を選び取り、しかもそれを千三百年以上にわたって保ち続けた。[3]そこには、余計なものを拒否するという美意識——信仰と深く結びついた美意識——が一貫して流れていると言ってよいであろう。

6　もちろん、[4]その一方で、仏教美術の隆盛に見られるように、壮麗多彩なものを求める美意識も、日本人の大きな特色である。絵画の分野においても、水墨画と並んで、金地濃彩の大和絵や華麗な近世風俗画などに見られる装飾性が、日本美術の際立った特質であることは、たびたび指摘されて来た。実際、水墨画の本場である中国から見れば、日本美術はもっぱら華やかな飾りもののように見えたらしい。日本絵画について書かれた最も早い外国の文献である一二世紀初めの[17]『宣和《せんな》画譜《がふ》』は、宋《そう》の徽宗《きそう》皇帝のコレクションが所蔵する日本の絵画作品について、「設色甚だ重く、多く金碧《きんぺき》を用う。」と評している。美術愛好家のこの皇帝の手に渡った日本の作品が実際にどのようなものであったかはわからないが、禁欲的な水墨画とは対照的に、華麗な装飾性に富んだものであったことは確かと言ってよいであろう。

7　だがその金色燦然《こんじきさんぜん》たる作品においても、日本の場合、中心のモティーフ以外の余計なものはすべて拒否しようという意識が強く認められる。[5]例えば、代表的

15 **萱葺き**　萱（イネ科・カヤツリグサ科の植物）を素材にして屋根を造ること。

16 **高欄**　主に日本建築において、建物の縁や橋につける手すり。

問3　「そこ」とはどのようなことをさしているか。

問4　「その一方で」とあるが、「壮麗多彩なものを求める美意識」と対比されている部分を抜き出せ。

17 **宣和画譜**　北宋時代（九六〇—一一二七年）の八代皇帝・徽宗の書画蔵品目録。

問5　「例えば」という接続語によって示されている《燕子花図屛風》は、どのようなことを明らかにする例か。

〈簡素〉〈様式〉〈隆盛〉
〈文献〉〈所蔵〉
〈禁欲的〉〈対照的〉

な作例として、光琳《こうりん》[18]のよく知られた《燕子花図《かきつばたず》屏風《びょうぶ》》がある。西欧の画家なら、水辺に咲き誇る花を描き出そうとするとき、池の面、岸辺、土堤《どてい》、野原、おそらくは空の雲など、周囲の状況を残らず再現しようとするであろう。現に私は、ある外国人から、このかきつばたの花はいったいどこに咲いているのかと尋ねられたことがある。だが光琳は、利休が庭の花を切り捨てたように、そのような周囲の要素はすべて排除してしまった。そのために用いられたのが、あの華やかな金地である。つまり金地の背景は、同時に不要なものを覆い隠す役割を与えられているのである。

8 あるいは、近世初頭に多く描かれた「洛中洛外図《らくちゅうらくがいず》」がある。そこでは、二条城[19]をはじめ、著名な神社仏閣などの名所、町並み、年中行事である祭りの情景などが描き出されているが、それぞれの場面は、金雲と呼ばれる雲型の装飾模様で取り囲まれていて、われわれはあたかも雲の間から京都の町を覗《のぞ》き見るというような印象を受ける。結果として、町のなかには大量の雲が漂うという状態で、これも外国人からしばしば質問を受ける点である。だが金雲によって縁取られているからこそ、中間のつなぎの部分は覆い隠されて、各場面が何を表しているかということがよくわかるのである。

9 とすれば、このような金雲や金地は、もちろん一方で華やかな装飾効果を目

18 **光琳** 尾形《おがた》光琳。一六五八―一七一六年。江戸中期の画家・工芸家。はじめは狩野派に学んだが、後に大胆で装飾的な画風を確立し、琳派を開くにいたった。

19 **二条城** 京都市の中京区にある城。一六〇三年、徳川家康《とくがわいえやす》が京都上洛時の居城として築いた。

指すものであるには違いないが、同時に、余計なものを排除する役割も担わされていることになる。それはいわば*、黄金の「余白」に他ならない*のである。

＊いわば
＊他ならない

レッツ・トライ！

1　本文の内容に合致するものを次の中から一つ選び、記号で答えなさい。

(ア)　秀吉に満開の花の美しさを想像させるために、利休は庭の朝顔の花を全て摘み取らせた。

(イ)　水墨画の「余白」は余計なものを排除し、中心となる題材を引き立たせている。

(ウ)　伊勢神宮は中国の様式を取り入れながら、独自の建築様式を発達させていった。

(エ)　装飾的な絵画の中で金地は華やかな飾りとして中心的なモティーフを引き立てている。

2　本文の構成について述べたものとして最も適切なものを次の中から一つ選び、記号で答えなさい。

(ア)　一見異なる性質を持つ具体例が詳細に分析されることで、筆者の主張が裏付けられる構成。

(イ)　多様な具体例を取り上げて考察することで、筆者の主張そのものが変化し、深められてゆく構成。

(ウ)　一般論にも一定の理解を示しながら、その不十分な点を指摘し、筆者の主張を明確にする構成。

(エ)　筆者の主張を明らかにしながら、起承転結の形式でさまざまな具体例を比較検討する構成。

●評論の型をとらえよう!

導入 利休の考え〈[1][2]〉

利休の朝顔の花をめぐるエピソード（**A**）

・邪魔なもの、余計なものを排除

・庭の花の不在が床の間の花を引き立てる

展開1 簡素な表現を求める美意識〈[3]〜[5]〉

・水墨画の余白（**B**）

・伊勢神宮の建築様式（**C**）

↓

日本の美意識の特徴＝余計なものを排除すること

展開2 装飾的なものを求める美意識〈[6]〜[9]〉

・《燕子花屏風》の金地（**D**）

・「洛中洛外図」の金雲（**E**）

↓

金地や金雲の役割

・華やかな装飾

・**余計なものを排除する役割＝「黄金の余白」**

●表現と構成

本論の趣旨は、「**余計なものを排除する**」という「**余白の美学**」に貫かれており、筆者の主張には変化がない。従って、論の展開＝変化を追うためには、具体例に着目する方がよいだろう。（**A**）〜（**E**）の具体例はすぐに気付くはずだ。これらの例を分類した時、まずは[1][2]の利休に関する挿話（**A**）が筆者の主張の土台になっていることが分かる。また、「例えば」（八九・18）「あるいは」（九〇・9）という接続語に従うと、「中心のモティーフ以外の余計なものはすべて拒否しようという意識」（八九・17）を例証するものとして、二つの近世美術（**D**）・（**E**）が一つのまとまりとなっていることも理解できるだろう。この点を押さえることができれば、華やかな装飾的絵画（展開2）と対を成すものとして、簡素な表現を追及した水墨画（**B**）と伊勢神宮（**C**）とが、[4][5]を一つのまとまりにしていることに気付くことができる。

本文には「結」に当たる段落は設けられていない。[9]は全体のまとめにはなっていないが、金地や金雲を「**黄金の『余白』**」ととらえることで、利休の考えに通じる「余白」の意義を再強調して結んでいる。

ココがポイント！

Q 利休と水墨画の例さえあれば「余白の美学」を主張できそうなのに、なぜ複数の具体例を挙げているの？

A 確かに「**余計なものを排除する美意識**」を論じるなら、水墨画の例だけでこと足りると思えるかもしれません。ただ、水墨画は中国の影響下に成立しており、それは筆者が言及している通り、日本神道の聖地・伊勢神宮であっても同じです。東アジアの多様な文化の編み目の中から、日本文化独自の個性をどのように見出だすのか。その答えは一見異なる特徴を備えた日本美術の間の共通点を探ることで得られるはずです。そして、黄金の近世美術と白黒の水墨画の間をつなぐ「**余白**」こそが、筆者の結論した日本文化の独自性でした。その発見を示すために、筆者は複数の具体例を挙げる必要があったのです。

他のさまざまな評論の中でも、その筆者は複数の**具体例**を吟味しながら自らの論を練り上げています。具体例の役割にも注目しながら、評論を読むようにしましょう。

●要約してみよう

◆次の空欄を埋めて百字以内で要約を完成させよう。

日本には、利休の挿話や水墨画に見られるように（　A　）がある。たとえ装飾的な絵画であっても（　B　）。

【要約のヒント】 本論では具体例を通して日本の美意識という抽象的な主題が扱われているので、要約にあたってはどのような具体例が取り上げられ、相反する特徴を持つ具体例の間にどのような共通点が見られるのかを説明しよう。

▼▼評論文キーワード

●日本文化論　近年ではアニメやJ-popなども取り上げられるようになっているが、西洋文化に対する日本文化の特殊性や、日本文化内部の二面性を二項対立の図式を用いて論じるものが多い。一般的な文化イメージ（常識・固定観念）をズラしたり、ひっくり返したりする内容になっていることが多いので、筆者の独自性に留意しよう。

情報

インターネットは何を変えたのか

黒崎政男《くろさきまさお》

インターネットは、私たちに多くの可能性をもたらしたが、同時に、さまざまな問題の発端ともなっている。メディアの歴史という観点から見たとき、インターネットの特徴はどう位置づけられるのか。本文を最後まで読み終えたあと、もう一度、冒頭に筆者が引用したニーチェの言葉が意味するものを考えたい。

1 ちょうど一世紀前、哲学者ニーチェ[1]は、著者と読者について次のように述べていた。

2 読書する暇つぶし屋を私は憎む。あと一世紀も読者なるものが存在し続けるなら、やがて精神そのものが悪臭を放つようになるだろう。だれもが読むことができるという事態は、*長い目で見れば、書くことばかりか、考えることまで腐敗させる。（『ツァラトゥストラはこう言った』所収「読むことと書くこと」）

3 ニーチェのこの言葉は、少数の著者が多数の読者を啓蒙《けいもう》し教化する、という活字書物文化の特質を揶揄《やゆ》したものと考えられる。ニーチェが評価するのは、

この語に注目

〈対比〉
- ▼〈思い〉↕〈思考〉
- ▼〈一面的な思念〉↕〈十分吟味された意見〉
- ▼プライベート↕パブリック
- ▼〈発想〉↕〈発表〉

トピック

グーテンベルクの活版印刷術 グーテンベルク（Johannes Gensfleisch Gutenberg 一四〇〇―一六八？年）は活版印刷術の発明者。この発明は、大量生産される書籍（例：聖書）だけでなく、「近代」における哲学（例：デカルトの哲学概念）や科学（例：ニュートンの力学）や経済（例：近代工業製品）、国民国家の理念など、総じて「グーテンベルクの銀河系」を生み出し、人々の生活に大きな影響を与えた。現代のインターネットも同様である。

「血をもって」全身全霊で「書かれたもの」だけであり、暇つぶしの気楽な読書態度では、その「書かれたもの」の精神を読み解くことはできないのである。

4 ところで、本の書き手を表す著者という言葉は、英語では author《オーサー》であり、それは権威（authority《オーソリティ》）という言葉と深い関係にある。そして、〈著者という権威〉の成立は、グーテンベルクの活版印刷術の成立以降である、ということがしばしば語られる。

5 活版印刷術というメディア[2]とともに、〈著者性〉というものが発生したのだとすると、インターネットを中心とした電子メディアが大きな位置を占め始めている今日、〈著者〉のあり方が、大きな変容を被ってきていることは十分に考えられる。

グーテンベルク印刷機による聖書

6 [1]ここにおいては、従来の、権威者の一方的な情報発信と、受動的に享受する多数の読者という上下構造が消失し、著者の権威性の崩壊ともいうべき事態が発生している。だれでもが簡単に〈著

1 ニーチェ Friedrich Wilhelm Nietzsche 一八四四―一九〇〇年。ドイツの哲学者。『ツァラトゥストラはこう言った』は一八八三―八五年執筆。

2 メディア 媒介物。媒体。また（伝達の）手段・方法・道具。［英語］media

問1 「ここ」とは何をさすか。

＊長い目で見る
〈啓蒙〉〈教化〉〈揶揄〉
〈権威〉〈享受〉

者〉となり得る構造である。

7 インターネットにおける著者と読者（情報発信者と受信者）の問題は、目下*のところ、混乱を極めているようにも思われる。

8 一方では、これまで泣き寝入り*せざるを得なかった者が、発言手段を得て、不正を告発することができる。他方では、十分な論拠も証拠もないまま、一方的意見をホームページに掲載したり、匿名性を利用した個人の誹謗《ひぼう》中傷がまかり*通ったりしている。一人の勇気ある発言が不正をただすこともあれば、その発言が、個人やコミュニティ[3]や企業を崩壊させることもある。

9 ともかく、これまで一般の個人が持っていた、ビラ[4]やミニコミ[5]、新聞や雑誌の投書欄への投稿などという発言手段に比較して、インターネットの持つ力は圧倒的である。

10 情報発信の総量は、実は、メディア形態の技術的制約によって決定されている。テレビ・ラジオ、新聞・雑誌などのマスメディア、あるいは、書物文化における著者・情報発信者数は、構造上少数たらざるを得なかった。

11 ❷しかし、インターネットというメディアに特徴的なのは、情報発信者がどれほど多数であろうとも、情報の非物質性、デジタル[6]情報に特徴的な光速に近い検索能力によって、必要な情報がほぼ瞬時に取り出せる、という点にある。もし、一億人分の日記を紙メディアで集積したとしたら、目的の情報を探し当てること

3 コミュニティ 共同体。地域社会。［英語］community

4 ビラ 宣伝などを目的とした一枚刷りの印刷物。チラシ。

5 ミニコミ ミニ・コミュニケーションの略。特定の範囲を対象とした小さなメディアのこと。「マスコミ」の対義語として作られた和製英語。

問2 「しかし」とあるが、これはどのようなことに対して述べられているか。

6 デジタル 量やデータを、数字列として表現すること。［英語］digital

はほぼ不可能である。[3]ここでは、情報量の過度な増加は、そのまま情報の有用性の減少につながる。

12 だがインターネットでは、無限に近い不必要な情報に関与することなく、検索に熟練すれば、必要な情報だけを的確に抽出することができる。したがって、このメディアでは、情報総量が制限されたり、内容や質によって、淘汰《とうた》されるという力が働かないのである。

13 従来のメディアでは、個人が公に対して発言するには、さまざまな困難や編集者によるチェックなどが伴っていた。良くも悪くも、この距離こそ、〈思い〉を〈思考〉に、〈一面的な思念〉を〈十分吟味された意見〉へと練り上げる。

14 しかし、インターネットにおいては、気楽に書き連ねた文章を、自分のコンピュータに保存することと、ネット上に公開することの差は、二、三のキー操作の差にすぎない。従来のいかなるメディアとも異なり、インターネットでは、〈発想〉と〈発表〉との間の落差がほとんど存在しない。あるいは、〈自我境界〉があいまい化、拡大化し、自己と世界が、いわば〈短絡〉してしまうのである。

15 ここでは、プライベート[7]とパブリック[8]の境が溶け落ちる。さまざまな情報とともに、何億もの個人のとりとめもない思いや理解や誤解がネット上にあふれる。[4]これらは呼び出されなければ、無言のままにとどまっているが、ひとたび検索の網*にかかれば、強大な力を発揮することになる。

問3 「ここ」とは何をさすか。

7 **プライベート** 個人的。私的。[英語] private
8 **パブリック** 公共の。公的。[英語] public

問4 「これら」とは具体的に何をさすか。

〈匿名性〉〈崩壊〉
〈検索〉〈有用性〉
〈抽出〉〈吟味〉〈短絡〉
*目下のところ
*泣き寝入り
*まかり通る
*網にかかる

16　ニーチェの予言から一世紀。結果は、だれもが読者であり続けただけでなく、今後はだれもが著者となる時代になるだろう。だれもが公表できるという事態は、いったい今度は何を腐敗させてしまうことになるのだろうか。

レッツ・トライ！

1 「この距離」（九七・8）という表現についての説明として最も適切なものを次の中から一つ選び、記号で答えなさい。

(ア) 公的な発言として発信する過程における、個人的な〈思い〉と、配慮や経験によって練り上げられた〈思考〉との格差を比喩的に表している。

(イ) 量が多いと目的の情報を探し難い紙メディアと、物理的な制約がなく、多量でも情報の有用性が減少しない電子メディアとの違いを比喩的に表している。

(ウ) 個人の原稿が発表されるまでには編集者にチェックされることになるが、そうした個人と編集者との立場の違いを比喩的に表している。

(エ) 公的に発言する際、多様な障害や他者の管理に伴う書き直し、訂正などの経緯や努力によって乗り越えられる個人と公との隔たりを比喩的に表している。

2 本文の内容と合致するものを次の中から一つ選び、記号で答えなさい。

(ア) ニーチェは気楽に読書されることに抗議するため、「ツァラトゥストラはこう言った」を著した。

(イ) 活版印刷術というメディアによって、著者は多数の読者を啓蒙する義務を負うことになった。

(ウ) インターネットは、人々に不正をただす発言の機会を与えるだけでなく、言論の自由を実現する。

(エ) 新たな電子メディアは、情報量の制限や質による淘汰がないが、予想外の影響力を持つこともある。

3 本文の構成について述べたものとして最も適切なものを次の中から一つ選び、記号で答えなさい。

(ア) 1 2でニーチェの言葉を引用し、3で従来の解釈とは異なる説明を加えている。

(イ) 5 6でインターネットの影響を示し、7〜9でそれについての批判的な主張を示している。

(ウ) 10〜13では、従来のメディアとインターネットを対比し、14 15で後者の問題点を導いている。

(エ) 16では、1 2の予言の正しさを説明すると共に、6を新たな問題提起へとつなげている。

評論の型をとらえよう！

問題提起 **だれでもが著者になれる時代**〈1～6〉

ニーチェの言葉―**活字書物文化**を揶揄〈1～3〉

【活版印刷の時代】**著者という権威**の成立〈4 5〉

【現在】インターネット→**だれもが簡単に〈著者〉** 6

展開 **インターネットの特徴と影響**〈7～15〉

・不正を告発し、ただす
・偏った発言や誹謗中傷で社会に悪影響
→ 混乱〈7～9〉

従来のメディア（テレビ・ラジオ・新聞・書物）〈10 11 13〉
〔少数の発信者・情報過多は有用性の減少
・チェックを通して内容を吟味→淘汰〕

⇔

インターネット〈11 12〉
〔多数の発信者・検索によって必要な情報のみ
抽出可能→情報の淘汰がない〕

〈発想〉≒〈発信〉
自己と世界が〈短絡〉
プライベートとパブリックの境の溶解 14

↓

あふれる個人の思い 15
→**強大な力**

結論 **だれもが読者→だれもが著者** 16

→何が腐敗するのか？＝新たな**問題提起**

●表現と構成

冒頭の1 2におけるニーチェの引用は、少数の著者が多数の読者を啓蒙するという活字書物文化を揶揄し、考えることの腐敗を一世紀前に予想したものであった（3）。その著者という言葉を手がかりに、4ではグーテンベルクの活版印刷術によって〈著者という権威〉が成立したことを述べ、今日、インターネットによって〈著者〉のあり方が変容し（5）、誰でもが簡単に著者となれる時代が来たこと（6）が説明される（ここまでを大きく問題提起と捉えてよいだろう）。

つづいて、この変化に併って混乱を極めていること（7）、その混乱はインターネットの持つ長短が入り混じったもので（8）、従来のメディアに比して圧倒的である（9）と言及される。

10～13では、従来のメディアとインターネットの違いについて述べられる（二項対立の構図に注意したい）。インターネットの特徴によって公私の区別がなくなってしまうことが14 15で説明され、そして16において、現在、だれもが著者となれる時代に至って何が腐敗するのか、と新たな問題を投げかけている。

ココがポイント!

Q 「ここでは、プライベートとパブリックの境が溶け落ちる。」（九七・15）ってどういうこと?

A 抽象的ですが、メディア論において、現在のインターネットを用いる人々の意識あり方を表現している部分です。筆者にとってインターネットの重大な特徴は、**個人と公**の間に**「距離」**（九七・8）がないことです。従来のメディアでは、個人の〈**発想**〉が公になる、つまり世界へ〈**発表**〉されるまでには幾つものハードルを越える必要がありましたが、ネットでは〈発想〉を即座に〈発表〉できます。すなわち、自我と世界を隔てる明確な境がないのです。**「プライベート」**（＝私＝自己）と**「パブリック」**（＝公＝世界）の「境が溶け落ちる」という比喩は、このように公私の境界が〈短絡〉（＝本来結びつかないものが結びつく）し、その区別が消失してしまうことを表現しているのです。よって、**「インターネットにおいては公私の区別がなくなること」**という意味です。

●要約してみよう

◆**次の空欄を埋めて百字以内で要約を完成させよう。**

活版印刷術によってだれもが読者となれたように、（　Ａ　）。同時に（　Ｂ　）ようになった。

【要約のヒント】（Ａ）については「活版印刷術」と対比する内容を6または16から考えるとよい。（Ｂ）については、個人がネット上に容易に発信できるようになった結果と、その影響力について述べている14 15をまとめる。

▼▼評論文キーワード

●メディア……新聞やテレビなどマスメディアだけではなく、情報を媒介するもの、コミュニケーションを仲介するもののこと。よってメディアは媒体・手段・方法、さらに道具という意味でも用いられる。当初、身振りや音声＝話し言葉であったが、次第に距離や時間の制約を超えた書き言葉が使用され、活版印刷・ラジオ・テレビ、ついにはインターネットとなった。こうしたメディアの変質はそのたびに人々の生活に大きな影響を与えている。

科学

生命現象というシステム

福岡伸一《ふくおかしんいち》

新たに「作り出す」ことから、「なくす」「元に戻す」「守る」ことへ。自然を切り開き征服する機械に頼るのではなく、一見ムダが多いようにも見える生命のあり方へと機械を近づけること。脚注で説明される専門的な用語の意味をていねいに確認しながら、未来の科学の方向性を見据える筆者の考えをたどりたい。

1　ゼロテクノロジー[1]というコンセプト[2]がある。略称ゼロテク。近代科学テクノロジー[3]は新しい物質を、新しいメカニズムを、あるいは新しいエネルギーを「作り出す」ことに一貫してその心血を注いできた。

2　しかし、まさにそのテクノロジーが生み出したさまざまな余剰物、廃棄物、排出物によって、私たちは今、大きなリベンジ[4]を受けている。つまり、今後、私たちが求めるのはただ線形的[5]にモノを作り出すテクノロジーではなく、むしろ「なくす」「元に戻す」「守る・保つ」といった働きに特化することによって新たな価値を生み出すような、そのようなテクノロジーが必要とされるのではないか。これがゼロテクである。日立製作所[6]が発行していた雑誌『ひたち』によって提唱されたコンセプトだ。

この語に注目

〈対比〉

▼無限↔有限

▼短期↔長期

▼エゴイスティック↔利他的

トピック

リサイクル　［英語］recycle　リサイクルとは「再利用」のこと。「リフューズ（refuse）」＝不要なもの・余計なものを断ること、「リデュース（reduce）」＝ゴミなどを減らすこと、「リユース（reuse）」＝まだ使える物を繰り返し使うこと、とあわせて環境問題への取り組みのキーワードである。これらの頭文字「R」を取って4Rと称する。

３　具体的には、安全に地雷を爆破・除去する地雷除去機、韓国・清渓川《チョンゲチョン》[7]の修景[8]プロジェクト（一九七〇年代に暗渠《あんきょ》[9]化され、上に高架道路が建設された清渓川の景観を復元するため、二〇〇二年から高架道路が撤去され、新たな文化・商業空間として再生された）、使用済み家電やパソコンなどを徹底的に分解・分別し、再資源化している家電製品リサイクル工場などが挙げられている。なかなか興味

自衛隊の地雷処理車

現在の清渓川

1 **テクノロジー**　技術。［英語］technology
2 **コンセプト**　概念。物事の全体を一貫する考え方。［英語］concept
3 **近代**　歴史の時代区分の一つで、現代のすぐ前の時代。中世あるいは近世に続く時代。日本史においては一般に明治維新以後、第二次世界大戦の終結までを指す。
4 **リベンジ**　復讐・仕返し。雪辱。［英語］revenge
5 **線形的**　直線のようにまっすぐなようす。
6 **日立製作所**　日本の総合電機メーカー。
7 **清渓川**　韓国の首都ソウルの中心を流れる川。一九五〇―六〇年代の産業発展に伴い、水質汚濁や周囲のスラム化が深刻化していた。
8 **修景**　景観を元に戻すこと。
9 **暗渠**　地下に設けられた水路。

――〈はしなくも〉
――〈顕在化〉

深い着眼点だ。

[4] ただし、いくつか考慮しなければならない論点がある。自然現象は常にエントロピー[10]=乱雑さが増大する方向に進む。ゼロテクの主張する「なくす／元に戻す／守る」というのは、エントロピー増大をできるだけ押しとどめる、もしくは秩序を常に再構築する、ということだから、それには膨大なエネルギーとコスト[11]がかかることになる。[1]つまり、コーヒーと牛乳からコーヒー牛乳を作ることはできるが、コーヒー牛乳をコーヒーと牛乳に戻すことは容易ではない。この点を過小評価することはできない。

[5] これは、再生紙のリサイクル偽装問題において、はしなくも顕在化した。いったん出来上がったものから有用なものを再抽出し、もう一度、有効利用する、ということは、増大したエントロピーを元に戻すということである。

[6] 紙を裁断し、その繊維を再溶解し、さまざまな色のインクを取り除く。これには膨大な手間隙とコストがかかる。そして出来上がった再生紙も元通りのきれいな白色ではない。紙のセルロース[12]繊維深くに染み込んだ着色を完全に脱色することはできないからである。それゆえに、経済効率からすれば、リサイクルなどせず、一から作ったほうがいいじゃないか、となりがちだ。

[7] ところが、この効率主義は、資源やエネルギーがいくらでも利用可能であるという楽観論に基づくものだ。これまで無限にあると思っていたあらゆるものが

10 エントロピー 熱力学や統計力学で用いられる状態量のこと。ここでは統計力学上の用語として、この世界に存在する我々の目には見えない乱雑さを意味している。［英語］entropy

11 コスト 原価。一般に物を生産するために必要となる費用のこと。ここでは単純に費用のこと。［英語］cost

問1 この「つまり……ではない。」はどの文を言い換えたものか、抜き出せ。

12 セルロース 植物繊維の主成分を占める炭水化物の一種。［英語］cellulose

有限でしかないことがわかってきた。ゼロテクの根拠は、短期的な効率主義を超えた有限性の自覚にある。

8 機械は生物ではない。しかし機械のあり方を、生物が採用しているシステムに学ぶことは可能である。いかに守り、いかに保つか、というのは生命現象にとって最も重要な課題だ。機械なら、堅牢《けんろう》に作るほど長持ちさせることができる。しかし、それもいずれは摩耗や損傷が発生する。生命は秩序を長持ちさせるために、最初から堅牢に作るのを諦めた。すべてのシステムを、できるだけ[2]やわらかく、緩やかに作っておく。外部から何らかの干渉を受けても吸収できるようにしておく。

9 すべてのシステムは、摩耗し、酸化し、ミスが蓄積し、やがて障害が起こる。つまりエントロピー＝乱雑さは、常に増大する。このことをあらかじめ織り込み、エントロピー増大の法則が秩序を壊すよりも先回りして自らを壊し、そして再構築する。生物が採用しているこの自転車操業的なあり方、これが動的平衡である。

10 これに倣《なら》って、機械のパーツを壊れないうちから、どんどん入れ替えるようなシステムを作れば、重大な事故を防げるだろう。もちろん、コストはかかる。しかし、その一方で一〇〇年に一度起こるか起こらないくらいの確率で発生し、何千億円も損失を出すようなカタストロフィ[13]事故を防げるはずだ。

11 コストとはある時間における費用効果だから、短い期間なら割高となる。し

問2 「やわらかく、緩やかに」とは、具体的にどのような性質を表現しているか。9から一四字で抜き出せ。

13 **カタストロフィ** 突然起こる悲劇的な結末。破局。大災害。［英語］catastrophe

かし、長いスパンで見れば動的平衡は低コストになる。[3]そういうシステムを生命現象は三八億年かけて選び取ってきた。

12 人間はどうしても目先のことしか考えられないので、自分が死んだ後の何十世代のことまで考えてコストを割り出すまでイマジネーション[14]は届かない。しかし環境問題を考えるというのは[4]そういうことなのだ。

13 動的平衡は、プラスとマイナスの振れ幅をできるだけ最小にしながら分解と合成を同時に行い、自らを作り替えていく。しかし、長い間、エントロピー増大の法則と追いかけっこしているうちに少しずつ分子レベルで損傷が蓄積していき、やがてエントロピー増大に追い抜かれてしまう。

14 つまり秩序が保てないときが必ず来る。それが個体の死である。ただ、そのときはすでに自転車操業は次の世代にバトンタッチされ、全体としては生命活動が続く。現にこうして地球上に三八億年にわたって連綿と生命は維持され続けてきた。だから個体の死というのは利他的なあり方なのである。

15 生命は、自分の個体を生存させることに関してはエゴイスティック[15]に見えるけれど、すべての生物は必ず死ぬというのは実に利他的なシステムなのである。[5]これによって致命的な秩序の崩壊が起こる前に、動的平衡は別の個体に移行し、リセットされる。

問3 「そういうシステム」とはどのようなシステムのことか。

14 **イマジネーション** 想像。想像力。派生して理解力を意味することもある。［英語］imagination

問4 「そういうこと」とはどのようなことか。

15 **エゴイスティック** 利己主義的な。他人や社会全般の利益について考えようとせず自分の利益のみを追求する思考態度を持つこと。［英語］egoistic

問5 「これ」とはどのようなことをさすか。

―〈楽観論〉

レッツ・トライ!

1　「近代科学テクノロジー」（一〇二・1）の特徴について、筆者の考えとして不適切なものを次の中から一つ選び、記号で答えなさい。

(ア)　より良い新しい何かを作ろうとしてきた。
(イ)　経済効率を無視して新技術の発明に努めた。
(ウ)　短期的な生産コストについて強く意識した。
(エ)　生産の土台になる資源の有限性に無意識だった。

2　本文の内容と合致するものを次の中から一つ選び、記号で答えなさい。

(ア)　ゼロテクは、資源の有限性への自覚からその消費を完全にゼロにするテクノロジーである。
(イ)　ゼロテクは、「なくす／元に戻す／守る・保つ」をコンセプトにしたテクノロジーである。
(ウ)　ゼロテクは、従来の近代科学テクノロジーとは全く異なった新時代のテクノロジーである。
(エ)　ゼロテクは、カタストロフィを避けるため割高な長期的コストを負担するテクノロジーである。

3　本文の構成について述べたものとして最も適切なものを次の中から一つ選び、記号で答えなさい。

(ア)　1～3では、「ゼロテク」の一般的説明を具体例を交えて示し、4～7ではその問題点を指摘しつつ実効性を説明している。
(イ)　4 5では、「ゼロテク」の問題点を指摘し、6 7ではそれに対する「近代科学テクノロジー」の問題点を挙げ、双方の不十分さを確認している。
(ウ)　8 9では、「ゼロテク」が依拠する「動的平衡」を導き、10～12でその応用と効果について持論を展開している。
(エ)　13～15では、8～12で提示された筆者の考えを整理しつつ、これまでの議論を超越する結論を導いている。

評論の型をとらえよう！

導入　ゼロテクノロジーって何？〈1〜3〉

「ゼロテク」 ⇐ 「なくす」「戻す」「守る・保つ」

「近代科学テクノロジー」 ⇐ 余剰物（余る）　廃棄物（捨てる）　排出物（外に出す） → リベンジ（環境問題など）

論点　このようなテクノロジーが必要なのではないか

展開1　ゼロテクの根拠〈4〜7〉

「エントロピー」（乱雑さ）の増大を押しとどめる

経済効率＝線形的生産　資源の無限を前提　＝短期的な資源観 ⇔ **ゼロテク**（再資源化）　資源の有限性を自覚　＝手間暇・コスト

＝　＝

ゼロテク＝**短期的な効率主義**を超えた**有限性の自覚**

展開2　ゼロテク＝生命の形＝動的平衡〈8〜12〉

機械…堅牢（個の存続）→何らかの干渉（乱雑さ）で　カタストロフィ事故＝長期的には高コスト

生物…柔らかく緩やか（個の再資源化）→干渉を吸収し　自身を再構築＝**動的平衡**＝長期的には低コスト

結論　生命現象という利他的システム〈13〜15〉

動的平衡＝エントロピー増大と追いかけっこ

しかし　やがて追い抜かれる→秩序崩壊

個体の死（致命的秩序崩壊ではない） → 次の世代にバトンタッチ

生命活動の維持（種の存続）＝**三八億年続く利他的システム**

●表現と構成

1〜3では、「ゼロテク」の一般的説明を具体例を交えて示し、議論の前提を確認している。

4〜7では、「ゼロテク」の根拠となる考え方を、「近代科学テクノロジー」との対比関係の中で問題点を交えつつ説明している。

8〜12では、「ゼロテク」が依拠する「動的平衡」を導き、その応用と効果について持論を展開している。

13〜15では、8〜12で提示された筆者の考えを整理しつつ、生命が長年かけて維持しつづけてきた動的平衡にもとづくシステムについて述べて、まとめとしている。

ココがポイント！

Q 「短期的な効率主義を超えた有限性の自覚」（一〇五・1）ってどういうこと？

A まずはこの表現に内包されている**対比**の関係をあぶり出しましょう。「効率主義」が**資源が無限**であるという楽観的な認識に立っている 7 ことに気づければ、**無限**／**有限**（あるいは**短期**／**長期**）という対立軸が見えてきます。ここで気をつけたいのは「ゼロテク」が「効率主義」を「超える」と表現されていることです。つまり「ゼロテク」と対比的に扱われる近代科学テクノロジーを否定しているのではなく、近代科学テクノロジーの延長線上に、**経済効率**という短期的なコスト意識にしか目が向かない近代科学テクノロジーに欠けた新しい視座として資源の「**有限性の自覚**」を追加しようとする試みなのだ、というのがこの一文の意味するところです。そして、こうした自覚を学ぶための事例が、9 で示される「**生命のシステム**」、つまり「**動的平衡**」です。動的平衡という生命のあり方に学ぶテクノロジーに、筆者は未来像を見いだしているのです。

●要約してみよう

◆次の空欄を埋めて百字以内で要約を完成させよう。

ゼロテクが根拠とする（ A ）は、生物が採用している（ B ）に通じるものであり、それは個体の死によって（ C ）を防ぐことができる（ D ）なあり方である。

【要約のヒント】 主な話題である「**ゼロテク**」の主旨を押さえつつ、主題である「**動的平衡**」についてまとめる。（A）には 7 を、（B）には 9 を、（C）（D）には 14・15 をもとに語句を補えばよい。

▼▼評論文キーワード

●近代　時代区分をさす語だが、広義には**近代性**＝近代独特の傾向をさすこともある。**近代主義**とは中世以前の伝統的社会や文化構造から脱却し、**合理的精神**によって**個人の自由・平等・独立**を実現しようとする態度のことだが、個人の権利の追求は、時として**他者**を押しのける負の文脈を生み出す。それが公害等の環境問題や資源争奪などの形で今日的問題＝リベンジを生み出している。

社会

ボランティアの「報酬」

金子《かねこ》郁容《いくよう》

「ボランティア」には、「経済的な見返りを求めずに、困っている人を助けること」というイメージがある。だが、この文章の筆者は、「ボランティア」は単なる奉仕活動ではない、と主張する。なぜ人は、他の人を助けよう、支えようと考えるのか。文中で対比されているキーワードに注意しながら、筆者の考えをたどろう。

1「ボランティアってのは、自分にとって*一銭の得にもならないことを一生懸命やっているみたいだ。だから、ボランティアは偉い、感心だ。」こんなふうにいう人は好意的な人だ。その気持ちが少し皮肉な側に傾けば、ボランティアは「変わった人だ。」「物好きだ。」となるかもしれないし、反発心が混じれば、ボランティアは「偽善的だ。」となりかねない。

2「偽善的だ。」と言われたとき、ボランティアは考え込んでしまうかもしれない。自分がしていることが「見返り」を求めない「尊い」行為だと言う自信はない。もしかすると自分は、自分の力を誇示したいだけなのではないか、弱いものと接することで優越感を感じたいだけではないか、「こんないいことをしましたよ。」と周りの人に自慢したいだけなのではないか……と考え出すと、自分でも

この語に注目

〈対比〉

▼開いている↔閉じている

トピック

ボランティア［英語］volunteer　ラテン語で「自由意思」を意味する語「ボランタス」を語源とする。お金などの見返りを求めない「無償」の精神で、困っている人々を支援すること。近年では、支援される側に心苦しさを与えてしまったり、震災などの場合には、そのボランティアの存在がかえって被災地に負担をかけてしまったりするケースもあり、ボランティア側のマナーも重要視されている。

不安になってしまう。

3 私は、ボランティアが行動するのはある種の「報酬」を求めてであるからに違いないと考える。私自身の限られた経験からもそう思うし、考え方の枠組みとして、とりあえずそのような想定をしてから出発することが有効なアプローチであると思う。

4 問題は、「報酬」をどう考えるかということである。

5 ボランティアにとっての「報酬」とは、もちろん、経済的なものだけとは限らない。その人によっていろいろなバリエーション[1]が可能なものである。私は、ボランティアの「報酬」とは次のようなものであると考える。その人がそれを自分にとって「価値がある。」と思い、しかも、それを自分一人で得たのではなく、だれか他の人の力によって与えられたものだと感じるとき、その「与えられた価値あるもの」がボランティアの「報酬」である。

6 ボランティアはこの広い意味での「報酬」を期待して、つまり、その人それぞれにとって、自分が価値ありと思えるものをだれかから与えられることを期待して、行動するのである。その意味で、ボランティアは、新しい価値を発見し、それを授けてもらう人なのだ。

7 ボランティアの「報酬」についてわかりにくいところがあるとしたら、その

1 バリエーション　差異。変化。
［英語］variation

〈皮肉〉〈偽善〉〈誇示〉
〈優越感〉〈枠組み〉
＊一銭の得にもならない

本質が「閉じて」いてしかも「開いて」いるという、一見相反する二つの力によって構成されているからではないだろうか。

8 人が何に価値を見いだすかは、その人が自分で決めるものである。他人に言われて、規則で決まっているから、はやっているからとかという「外にある権威」に従うのではなく、何が自分にとって価値があるかは、自分の「内にある権威」に従って、つまり、独自の体験と論理と直感によって決めるものだ。[1]その意味で、価値を認知する源は「閉じて」いる。

9「内なる権威」に基づいていること、自発的に行動すること、何かをしたいからすること、きれいだと思うこと、楽しいからすること、などが「強い」のは、それらの力の源が「閉じて」いて、外からの支配を受けないからだ。しかし、ボランティアが、相手から助けてもらったと感じたり、相手から何かを学んだと思ったり、だれかの役に立っていると感じてうれしく思ったりするとき、ボランティアは、かならずや相手との相互関係の中で価値を見つけている。つまり、「開いて」いなければ「報酬」は入ってこない。このように、ボランティアの「報酬」は、それを価値ありと判断するのは自分だという意味で「閉じて」いるが、それが相手から与えられたものだという意味で「開いて」いる。

10「外にある権威」だけに基づいて行動すること、[2]つまり「開いている」だけの価値判断によって行動するのは、わかりやすいことであるとともに、楽なことだ。

問1 「その意味」とはどのような意味か。

問2 「つまり」とあるが、どの文を言い換えたものか、抜き出せ。

うまくいかなくとも、自分のせいではないし、いつでも言い訳が用意されているのだから。また、自分の独自なるものを賭ける必要がないから、傷つくこともない。しかし、「外にある権威」だけに準拠して判断をするということは、物事をある平面で切り取り、それと自分との関係性をはじめから限定してしまうことになる。それでは、何も新しいものは見つけられないし、だいいち、楽しくない。

11 [3]一方、「閉じて」いるだけのプロセス[2]も、複雑なところはなくはっきりしているし、周りのことを考えなくていいわけだから楽なことである。しかし、そこからは排他性とか独善しか生まれない。つまり、「開いている」だけ、または「閉じている」だけの行動は、わかりやすく、楽であるかもしれないが、力と魅力に欠けるということだ。新しい価値は「閉じている」ことと「開いている」ことが交差する一瞬に開花する。

12 ボランティアの「報酬」は「見つける」ものであると同時に「与えられる」ものであるということは、新しい価値が「報酬」として成立するには、ボランティアの力と相手の力が出会わなければならない、つまり、つながりがつけられなければならないということだ。ボランティアが「報酬」を受けるプロセスとは、「つながりをつけるプロセス」にほかならないのである。

13 空けておいた「ふさわしい場所」に相手から力を注ぎ込んでもらい、それが

問3 「一方」とあるが、「『閉じて』いるだけのプロセス」と対比されているものを9から抜き出せ。

2 **プロセス** 過程。［英語］process

―〈相反〉〈認知〉〈自発的〉
〈相互関係〉〈準拠〉
〈排他性〉

自分にとって価値があると感じたときに、ボランティアは「報酬」を受け取ったのである。助けるつもりが助けられたと感じ、与えているつもりが与えられたと感じる。ボランティアの「不思議な関係」の秘密は、この「つながり」というところにあったのだ。

レッツ・トライ!

1　本文の内容と合致するものを次の中から一つ選び、記号で答えなさい。

(ア)　ボランティアは、無償の行為と言いながらも「つながり」という報酬を求めている点で偽善的である。

(イ)　ボランティアには、自分独自の価値観である「内にある権威」に基づいて行動する「強さ」が必要だ。

(ウ)　ボランティアの報酬は、「独自の価値観」と「他者との相互関係」という相反する要素の中にある。

(エ)　ボランティアは、「助けるはずの人に助けられている」という感謝の気持ちで取り組まねばならない。

2　本文の構成について述べたものとして最も適切なものを次の中から一つ選び、記号で答えなさい。

(ア)　[1][2]では、具体例を挙げるとともに結論を述べ、[3][4]では、説明を導く問題提起をしている。

(イ)　[3][4]では、論の中心となる問題提起をし、[5][6]では、それに対する具体例を挙げている。

(ウ)　[7]では、[5][6]でいったん出した結論をさらに深く説明するために、新たな問題提起をしている。

(エ)　[8]〜[11]では、論を整理しつつ筆者の考えを説明し、[5][6]とは別の[12][13]の結論を導いている。

評論の型をとらえよう!

導入 ボランティアは偽善?〈1 2〉

問題提起 一見相反する二つの力〈3 4〉

結論〈5 6〉
自分にとって価値がある
＋（しかも）
他人の力によって与えられる
→ ボランティアの「報酬」

問題提起 相反する二つの力 7

説明〈8〜11〉
「閉じている」力／内なる権威
↕
「開いている」力／相手との相互関係（「外にある権威」も含む）
→ 交差 → 新しい価値

結論〈12 13〉
〈新しい価値＝「見つける」ものであると同時に「与えられる」もの〉

●表現と構成

冒頭1 2は、ボランティアに対する他者からの評価とそれを受けるボランティア自身の気持ちが書かれている、論の導入部。これを受けて3 4で「ボランティアはある種の『報酬』を求めている」という仮説が立てられ、これが本論の問題提起となる。

つづく5 6ですぐに筆者の結論が述べられるが、これには説明が必要となる。7がその説明のための問題提起。こうして「相反する二つの力」について、論点が絞り込まれる。

8〜11は説明の段落。「**閉じている**」／「**開いている**」の対比をつかもう。その際、「内なる権威」と「外にある権威」が単純な対比の関係ではないことにも注意。

12 13は7〜11を踏まえたうえでの5 6を言い換えた結論部分。最後の「つまり」（換言）以降で11を補強している。

ココがポイント！

Q 「新しい価値は『閉じている』ことと『開いている』ことが交差する一瞬に開花する。」（一一三・10）ってどういうこと？

A 意味がわかりにくい文に出会ったら、**全体を見渡し、言葉を補ってみましょう**。筆者は、「ボランティアの報酬」に関して、「**価値を認識する源**」が「何が自分にとって価値があるか」という自分の「**内なる権威**」に従って「価値」を決定するので「外」に対しては「**閉じてい**」ますが、「**相手との相互関係の中で**」「助けてもらったと感じたり」「何かを学んだと思ったり」といった「価値」を見つけ、それを「報酬」として受け取る（「**相手から与えられた**」）という意味では「外」に対して「**開いている**」と述べます。つまり「**閉じている**」（**内にある権威**）と「**開いている**」（**相手との相互関係**）**が交差する**（「**ボランティアの力と相手の力が出会う**」）**時、**「**新しい価値**」**が生まれる**（「**開花する**」）というのがこの文の意味です。また、「相手との相互関係」を広く捉えれば、「外にある権威」もそこに含まれるでしょう。

●要約してみよう

◆次の空欄を埋めて要約を完成させよう。（一〇〇字）

ボランティアの「報酬」とは（　A　）であり、それは（　B　）なのである。

【要約のヒント】 本論の結論は5 6と12である。（A）には字数を考えて5 6をまとめたものを入れればよい。（B）には、「ボランティアの力」と「相手の力」とが出会うというところに「新しい価値」が生まれるという内容を入れたい。「つながり」あるいは「相互関係」（9）などの語を用いて12をまとめる。

▼▼評論文キーワード

●排他と独善　**排他**は「自分（の仲間）以外のものをしりぞけること」。**独善**は「自分だけが正しいと信じ込んで行動する態度」。他者を理解せず、見下すために、ほとんどがマイナスの意味で使われる。

●権威　万人が認めて従うことを要求するような、力のある価値。評論ではしばしば、形だけになった社会的価値といった負の意味で使われる。

国家

スポーツとナショナリズム

多木《たき》浩二《こうじ》

自国の選手たちの活躍に感動するだけがスポーツの見方ではない。肉体の限界に挑戦し、極限まで技芸を磨き上げるアスリートたちの姿は確かに美しい。しかし、スポーツには、さまざまな「政治」がかかわってもいる。人間集団を表す用語の違いに注意しながら、スポーツから見た現代世界の複雑さについて考えよう。

1　われわれがネーション[1]への帰属に縛られることなく、世界人である可能性はないか。これはスポーツにかぎらず、われわれ（少なくとも私）にとっては切実な願望である。スポーツはほんらい、❶そのような傾向があって不思議ではない。近代的なルールは、可能なかぎり、地方的な慣習から脱していることが必要条件である。しかしとくにサッカーについて言うと、もはや選手は、日常的には自分の国でプレイすることに関心がない。自分を評価してくれ、妥当な報酬が約束されるチームならどこにでも行ってプレイする。当然、ネーションの境界を超えている。選手にとっていまやネーションはほとんど意味がなくなったのである。

2　十九世紀末から二十世紀にいたる世界の政治的歴史は、決して好ましい方向をとったとは言えないし、そのなかで異様に強硬で排他的なナショナリズム[2]が生

この語に注目

〈重要語〉
▼ネーション・ステート
▼ナショナリズム

トピック

近代オリンピック　〔英語〕olympic　一八九六年以来、四年に一度開かれている国際的なスポーツの競技会。その精神は「スポーツを通して心身を向上させ、さらには文化・国籍など様々な差異を超え、友情・連帯感・フェアプレーの精神をもって理解し合うことで、平和でよりよい世界の実現に貢献する」ことである。しかし、実際には選手個人の名誉以上に、国の名誉の表れとして扱われたり、国同士の争いになってしまったりする現実もある。

1 ネーション　国家。〔英語〕nation

まれてくる。オリンピックは国際的で平和主義を理想とする競技会であるが、ちょうど[3]ネーション・ステートが拮抗《きっこう》しあう時期に成立したものであったから、当初から充分にきな臭い危険を内包していた。オリンピックは非政治性が建前であったが、それだけにいろいろなネーション・ステート間の政治的対立が露出して見えたのである。[4]クーベルタンは国際オリンピック委員会の設立を決める最初の会議のさいにドイツの代表が来なかったことをむしろ喜んだと言われている。彼には、ドイツとのあいだに、まだ一八七〇年の[5]普仏戦争の屈辱の記憶が残っていたらしい。

3　ひとりひとりの個人とナショナリズム、ネーション、あるいは[6]エスニシティとの関係はそう単純に片づくものではない。その関係とは、地球上のすべての人間がみずからを主体化して（つまり自らの[7]アイデンティティを主張して）政治的な公共の場に引き出される方法のいくつかのタイプをさしているといってもいい。「私は[8]マイノリティ」だと宣言できるのは、「[9]マジョリティ」も見いだせる公共の場にいられるときである。その公共の場は果たしてネーションなのか、それとも今後発見するあたらしい[10]ローカス（場）なのか。ネーション間の政治的対立が異様に肥大化すると、ときには戦争におよぶという経験を、われわれはしてきたのである。

4　われわれがスポーツを個人の実践とみなし、それらの個人を世界中から集め

問1　「そのような傾向」とはどのような内容をさすか。

2 **ナショナリズム**　国家主義。［英語］nationalism

3 **ネーション・ステート**　国民国家。民族国家。［英語］nation state

4 **クーベルタン**　Pierre de Coubertin　一八六三―一九三七年。フランスの教育家。オリンピックの復活を提唱し、一八九四年、国際オリンピック委員会を創設した。

5 **普仏戦争**　一八七〇年から一年間にわたり、ドイツ統一を目ざすプロイセンとフランスの間で行われた戦争。

6 **エスニシティ**　民族性。［英語］ethnicity

7 **アイデンティティ**　個人を特定するもの。［英語］identity

8 **マイノリティ**　少数派。［英語］minority

9 **マジョリティ**　多数派。［英語］majority

10 **ローカス**　［英語］locus

て競技会を開くと仮定してみると、ネーションなしで済ませられるか。残念ながらそうではないのである。まずこの競技会には国際的な機構が必要である。この機構と個人とを直接つなげばいいではないか、と思うが現実には不可能である。そこに個人と国際的機構をつなぐ媒介[11]として、*まがりなりにも現実に存在して人びとを統合しているものを利用しようとすると、その媒介はさしあたりネーションが引き受けることになるのである。歴史的な過程を説明しているのではない。しかし面白いことだが、[2]そんな仮定をしてみるとネーションの意外な空虚さが見えてくる。なぜならこのとき、ネーションとは、確立された「個人」と確立された「国際機構」との媒介でしかない。重要なのは「個人」と「世界」である。これは[3]近代的思考の極限である。ネーションとは、近代的な人間がすでに外部を失ったときに（つまり世界化したときに）、その内部での言語、文化、慣習などの異質性を調整する役割以上のものではなくなる。[4]このように仮定すると、ネーションとは個人としてのスポーツマンのアイデンティティの拠り所ではなくなってしまうのである。いかに歴史があり言語を共有していようと、こうした意味での「国家」はより大きな包括的な世界のなかでの中間的、一時的機構以上のものではないのである。

[5] ネーションを廃絶することは今のところすぐには望めないが、[5]それは絶対のものではない。スポーツに限って言うと、ネーションを相対化[12]することはできる

11 **媒介**　なかだち。橋渡し。

問2 「そんな仮定」とは、どのような「仮定」か。

問3 「近代的思考の極限」とはどのようなことをさしているか。

問4 「このように仮定すると」とあるが、それはどのような仮定か。

問5 「それ」とは何をさしているか。

12 **相対**　他のものとの比較や関係の中で成立すること。［対義語］絶対

のである。今、スポーツが面白いのは、他では考えられないこの相対化が想定できるからである。現実にネーションがあるという事態を使いつつそれを反転し、当然のごとくに思われているわれわれの帰属意識、あるいはその意識を強いる象徴権力[13]を完全に相対化する思考の実験がスポーツには可能である。今、自由な社会的人間にとってほんとうに必要なことは「国家」の威力を出来るかぎり縮小することである。なぜなら二十世紀の世界は、国家と社会の完全な一致としての全体主義[14]の苦い経験をもっているからである。スポーツについて言うと、ほんらいならスポーツ選手という個人を国際的なネットワークのなかに送りだす媒介で充分なはずの国家が必要以上に強調されてきたのである。

6 しかしナショナリズムには次のような傾向もある。スポーツは身体のゲームにすぎないが、同時にある表象[15]として世界を覆っているものである。これに参入することができるかどうかが、近代社会の仲間入りをしているかどうかの指標になることがある。実際、エチオピア[16]、ガーナ[17]、ケニア[18]などからきた選手たちが、とくに長距離で驚くべき能力を発揮しているのを見ることが少なくないのである。彼らの社会は、解決できない矛盾を抱え、内戦があり、食料が絶対的に不足し、飢餓にあえぐ難民を抱えていることさえある。このような無理をしてまで大会に参加するのはなぜか、と人びとは驚くかもしれないが、それには理由があるのだ。そのことを理解するには、かつてアンドレ・ルロワ＝グーラン[19]が衣服について

13 **象徴権力** 特定の価値観を象徴として掲げ、それへの帰属を要求する国家権力。

14 **全体主義** 個人は全体（国家や民族・組織など）を構成する部分であるとして、個人の権利や自由よりも全体の利益を優先する考え方。第二次世界大戦中のナチスドイツの体制が代表的。

15 **表象** 一般に心または意識に浮かぶものを意味する。ここでは、特定の意味や価値を持つと見なされる文化的装置または文化的産物。

16 **エチオピア** アフリカ大陸東部に位置する国。

17 **ガーナ** アフリカ大陸西部に位置する国。

18 **ケニア** アフリカ大陸東部に位置する国。

19 **アンドレ・ルロワ＝グーラン** Andre Leroi＝Gou-rhan 一九一一―八六年。フランスの人類学者・先史学者。

―＊まがりなりにも

「民族衣装や職人の衣装が消滅したのは、民族解体の最も印象的なしるしである」が、それはあたらしい環境（近代）への「適応のおもな条件のひとつになるものである。」と述べたことを参考にする必要があろう。彼は「世界中、いたるところで、ネクタイをつけることがしばしばワイシャツを着るよりも普及していた。」とも述べていたことを想《おも》いだすべきであろう。これらの黒いアフリカのランナーたちの登場を植民地主義からの解放と独立という歴史だけで説明するのは適切ではない。

7 今ではルロワ＝グーランの言うように、近代初期において衣装が受けもった適応の条件づくりの役割そっくりそのままではないが、ポスト・コロニアル[20]の条件への適応をどうやらスポーツが担わされているのかもしれない。もちろん、社会的な生活条件が低いから、スポーツの種目もきわめて限定されてはいるが、その社会生活が、現代の先進国の文化的な状況にない場合、厄介な社会構造の実際の改革を行うよりも、スポーツはずっと容易に実践でき、高度に達しうる表象的な身体行為なのである。この場合、ナショナリズムに見える行為は、国威発揚型のナショナリズムでなく、すでに文明化した世界を中心に形成されているスポーツという身体的かつ表象的なレベルに、見かけだけでも頭を並べ、まだ近代化も達成できていない歴史に、世界の現状に適応する条件をつくることなのである。

20 **ポスト・コロニアル** 植民地主義以後。第二次世界大戦後、民族自決の精神によって多くの植民地が独立したが、解放運動のなかでまた新たな差別と抑圧が生み出されてきた。そうした状況を旧植民地の側から名指す述語。［英語］post-coloinial

―〈解体〉〈適応〉〈普及〉

レッツ・トライ！

1 「残念ながらそうではないのである。」（一二〇・1）とあるが、なぜ「そうではない」のか。理由としてふさわしいものを次の中から一つ選び、記号で答えなさい。

(ア) 競技会に必要な国際的機構としては、歴史的にネーションがその役割を担ってきた伝統があるから。

(イ) 競技会に必要な国際的な機構と個人をつなぐものとして、ネーション以外に適当なものがないから。

(ウ) 大切なのはあくまで「個人」と「世界」の関係であり、「世界」を代表するのがネーションだから。

(エ) ネーションの仲立ちによって、選手間の争いが国家規模になるのを防げるから。

2 「それには理由があるのだ」（一二一・17）とあるが、どのような「理由」か。

(ア) スポーツには国威発揚を促す効果があるため、社会的な生活条件が低い国ほど熱心になりがちだから。

(イ) ワイシャツを着る以上にネクタイをつけることのほうが、近代への適応を表していると言えるから。

(ウ) 植民地からの解放を証明する手段として、スポーツはもっとも分かりやすい例であったから。

(エ) スポーツには、発展途上国が近代化した世界に頭を並べるための手段となりうるという性質があるから。

3 本文の構成について述べたものとして最も適切なものを次の中から一つ選び、記号で答えなさい。

(ア) スポーツがネーションを相対化できる存在であると位置付けつつ、近代化の表象としても機能している点を指摘している。

(イ) スポーツの性質を利用することで、そのネーションが近代社会の仲間入りを果たしているかどうかを測ることができると指摘している。

(ウ) スポーツが国威発揚の手段として利用されている現実を指摘し、その特徴を途上国の近代化を進める媒介とできないか、考察している。

(エ) スポーツという具体例でネーションという抽象的な存在を説明しつつ、その成果がネーションの近代化を推し進める手段となることについても考察している。

評論の型をとらえよう!

問題提起 **われわれがネーションへの帰属に縛られることなく、世界人である可能性はないか**[1]

↓スポーツはほんらいその傾向を持つ

（例）サッカー選手……ネーションを超えている

≠

オリンピック・ネーション・個人の関係〈[2][3]〉

展開1 **スポーツの可能性**〈[4][5]〉

・スポーツ競技会の構造[4]

国際的な機構 ― ネーション ― 個人

（媒介）

ネーション＝媒介するものでしかない[5] →（媒介）

↓スポーツがネーションを相対化する可能性 ← **結論**

展開2 **もう一つのナショナリズム**〈[6][7]〉

（例）ネクタイをつける／オリンピック参加 ＝近代化の指標

↓社会構造の改革よりも容易に実践できる

↓国威発揚型のナショナリズムではなく、世界の現状に適応するための表象的な身体行為

表現と構成

ネーション（国家）に私たちはしばられている、という「常識」を前提に、[1]の冒頭で「ネーションへの帰属に縛られることなく、世界人である可能性はないか」と問題提起がなされ、サッカーを例にスポーツがネーションの境界を超えることが述べられる。[2][3]ではオリンピックの歴史に触れてネーションとスポーツ・個人の関係について述べられる。次の段落でこの整理が利用されるので、それぞれの関係について確認しておこう。

[4]では、前述の内容を踏まえ、個人とスポーツの国際的な機構をつなぐ媒介がネーションであること、およびネーションが媒介にすぎなくなっていること（空虚さ）を指摘。そして[5]において、ネーションに対する我々の帰属意識やそれを強いる象徴権力を相対化する可能性がスポーツにはある、と問題提起に対する結論を示す。

[6][7]ではナショナリズムとスポーツの関係の別の面として、ルロワ＝グーランの衣服に関する考察を引用しつつ、新しい環境（近代）への適応の条件作りの役割をスポーツが担ったことを指摘。国威発揚型のナショナリズムとは異なると述べ、段落をまとめている。

ココがポイント！

Q

「このように仮定すると、ネーションとは個人としてのスポーツマンのアイデンティティの拠り所ではなくなってしまうのである。」（一二〇・12）**ってどういうこと？**

A

この文章の考え方の前提には「個人のアイデンティティの拠《よ》り所になっているのはネーション（国家）である」という認識があります。この考え方を**常識**とすれば、筆者がここで主張していることは**常識**とは真逆の考え方で、いわば**逆説**ですが、だからこそこの評論のポイントです。「仮定」の内容は「（人間が世界化したときに）ネーションとは個人と国際機構の媒介でしかないのではないか」という内容。つまり「拠り所」という最も大事な役割を担うはずのネーションが、「媒介」（つなぎの役割）でしかない、というのです。国のため、でなく「自分の喜びや勝利」のために競技に挑む選手の姿に、筆者は「世界人である可能性」を見出しているのですね。

●要約してみよう

◆次の空欄を埋めて百字以内で要約を完成させよう。

われわれが（　A　）に縛られることなく、（　B　）である可能性はないか。ネーションに対する（　C　）や、（　C　）を強制する象徴権力を相対化することのできる（　D　）に、その可能性があるのではないか。

【要約のヒント】この文は冒頭部分に問題提起があり、その答えが結論である。したがって、問題提起は要約にも必須。それを踏まえて「結論」部分と、その結論を導くための説明（展開1）をまとめていくと良い。

▼▼評論文キーワード

●ナショナリズム　国家主義・国粋主義。国家の統一や発展を推し進めることを強く主張する思想。国家を至上のものとして、個人よりも国家の利益を尊重する思想の意味として使われる場合もある。

あとがき

この本に収録した一四本の文章をすべて読み終えたいま、あなたは何を学び、何を得ることができただろうか。いままで知らなかった新しい言葉、見慣れていたはずのものの新たな一面、社会や経済のしくみを理解する考え方、世界や人類が目ざすべき方向性……。単に知識や情報を得るだけなら、わざわざ時間をかけて文章を読まずとも、インターネットで検索した方が簡単だし、求める答えに手軽にたどりつくことができるだろう。しかし、辞書がそうであるように、知識や情報は、場面に応じて自分なりに引き出し、自分なりに使えなければ意味がない。

評論文の筆者たちは、それぞれ、自分が感じ考えたことと、それぞれが学び知った知識や情報とを組み合わせることで、それぞれの発見や主張を伝えようとしている。その言葉のバトンをどのように受け取り、握りしめるか。そこから学び得たものがあるとすれば、それを誰に向けて、どのように受け渡していくのか。ここからは、むしろあなた自身の言葉の出番である。

この本のタイトルは「評論文の読み方」である。だが、べつに私たちは、あらゆる文章に当てはまる万能の読解マニュアルを作りたかったわけではない。どんな文章でも簡単に理解できるコツなどないし、文章を読む際に、必ず踏まえなければならない手順があるわけでもない。この本で私たちが示したのは、あくまで、文章と向き合うために最低限必要な観点や考え方にとどまる。しかし、スポーツでもものづくりでも、人間のあらゆる技能にとって重要なのは、基本の「型」である。そして、その「型」を何度もくり返し自分の身体になじませていくことである。だから、この本を読み終え、すべての課題をやり遂げることができたあなたは、より長く、より難しい文章を読むために必要な準備運動を、一通り終えた状態にあるといってよい。まさにあなたは、これから本当の意味で「読むこと」を始めることができる。

「真理がわれらを自由にする」という言葉がある。だが、ひとがより「自由」であるためには、自分自身が何に囚われ、何に束縛されているかを具体的に知る必要がある。より高く飛び上がるためには、より深く身を屈めなければならない。スマートフォンの電源を落とし、コンピューターをオフラインにして、深呼吸をして心と身体を整え、文章からさまざまに聞こえてくる声に耳を澄まそう。焦って文章をかけ抜けるのではなく、言葉につまずくことを恐れずに、文章の全体がさし示す道のりを一歩一歩踏みしめていこう。ひとは、よりよく読むことではじめて、より深く感じ、より広い視野で考え、よりよく表現することができるのだから。

二〇一六年九月一日　　編者

【編者】
五味渕典嗣（ごみぶち・のりつぐ）早稲田大学
塚原政和（つかはら・まさかず）日本大学第二中高等学校
吉田　光（よしだ・ひかる）東京都立竹早高等学校

装幀・本文デザイン／白尾隆太郎

高校生のための現代文ガイダンス
ちくま評論文の読み方

二〇一六年一〇月　五　日　初版第一刷発行
二〇二四年　九　月一五日　初版第一二刷発行

編者…………五味渕典嗣・塚原政和
　　　　　　吉田　光
発行者…………増田健史
発行所…………株式会社筑摩書房
東京都台東区蔵前二－五－三
郵便番号　一一一－八七五五
電話　〇三－五六八七－二六〇一（代表）
印刷・製本…………大日本法令印刷

ISBN 978-4-480-91730-0 C7095

高校生のための
現代文ガイダンス

ちくま評論文の読み方

解答編

筑摩書房

高校生のための現代文ガイダンス

ちくま評論文の読み方

解答編　目次

ちゃぶ台か、テーブルか

（本文6ページ）
【解説　鏑木昌博】

【脚問解答】

問1　筆者が採用する俳優の三つのタイプを挙げるときに使われている表現。

〈解説〉筆者の使っている「コンテクスト」という言葉の定義をしている部分なので、冒頭のオーディションの話に着目する。

問2　少し脚の高いちゃぶ台を、人によって机と言ったり、テーブルと言ったりすること。

〈解説〉直前の「脚の高いちゃぶ台」をなんと呼ぶか、具体的に書かれている部分に着目する。

問3　自分がある言葉によって表現した物事は、当然、他人も同じようにとらえていると思っていること。

〈解説〉直前の「ちゃぶ台」を例に具体的に書かれている部分をそのまま取らず、この例を一般化した表現は7にあるので、その表現を使いながら、該当部分の直前の一文「これは当たり前のことだ」にも注意して、簡潔にまとめる。

【レッツ・トライ！　解答】

1　エ

〈解説〉本文中から手がかりを探して答える。直後の「新しい共通のコンテクストが生まれてくるからだ」に着目するとよい。ア・イ・ウはいずれも単なる想像に過ぎない。

2　イ

〈解説〉冒頭の筆者が採用する俳優の三つのタイプの部分に、言葉遣いのことは書かれていないので、アは不適。筆者は、「コンテクスト」に関する考察を行っているが、「……するべきだ」「……が大切だ」といった提言はしていないので、ウ・エは不適。

3　ウ

〈解説〉1〜4のオーディションの例は、劇作家としての筆者の個人的な経験に基づくものであり、「一般的な話題」とは言えないので、アは不適。問題提起は6ではなく7にあるので、イは不適。23は結論ではないので、エは不適。

【要約してみよう】

〈解答例〉

「コンテクスト」という言葉は、「一人ひとりの言語の使用法」という意味を持つ。言語によるコミュニケーションは、他人と共通のコンテクストを持つことで可能になるが、人により独自のコンテクストがあると言える。（一〇〇字）

【著者紹介】

◆**平田オリザ**　一九六二（昭和三七）年—。劇作家・演出家。東京都に生まれた。日常的で自然なやりとりによって劇を演じる「現代口語演劇」を提唱し、従来の演劇とは一線を画す「静かな演劇」を定着させたことで知られる。この文章は二〇〇一年刊行の『対話のレッスン——日本人のためのコミュニケーション術』（講談社学術文庫）に収められており、本文はその文庫版によった。

◆**主な著書**　『演劇入門』『わかりあえないことから——コミュニケーション能力とは何か』（講談社現代新書）、戯曲作品に『東京ノート』『ソウル市民』三部作など。

雑草の戦略

（本文14ページ）

【解説　酒井健司】

【脚問解答】

問1　強情に力くらべをする

〈解説〉「この」が、[8]「自然の力に逆らうよりも、自然に従って自分を活かすこと」をさしていることをヒントに探す。

問2　種子が車のタイヤなどに踏まれることで、オオバコが道に沿ってどこまでも生えるようになること。

〈解説〉直前の、オオバコの生態を念頭にまとめる。

問3　雑草を除去する作業をすると、雑草はそれを逆手に取って増殖してしまう点。

【レッツ・トライ！　解答】

1　イ

〈解説〉「本当の強さ」については、[8][9]でまとめられている。

2　エ

〈解説〉[25]が「雑草は弱くて強い存在」で終わるのではなく、「また強くて弱い存在なのだ」と結ばれている点が重要。「弱くて強い存在」とは、「踏まれ刈られるのに、その逆境を利用して増殖するということ」をまとめており、「弱くても生存できる環境では自然に従って自分を活かす存在」ということになる。また「強くて弱い存在」とは、「しつこく増殖するのに、大型植物が生い茂る場所では生存できないこと」をまとめており、「強くても生存できない環境ではそれに逆らわない存在」ということになる。これは雑草もカシも同様に、自然の摂理を受け入れて自分を活かしているということ。それが「本当の強さ」であり、「強さ」の表れ方は植物によって異なる。よって、エが正解。

【要約してみよう】

〈解答例〉

競争に弱い雑草の戦略とは、他の植物では生存を危ぶまれるような逆境を逆手に取って増殖していくことである。そこには、自然の摂理を逆らわずに受け入れて自分を活かすという柔らかさ、つまり本当の強さがある。（九八字）

〈解説〉一〇〇字以上の要約では元の文章構成にできるだけ沿うことが必要だが、一〇〇字要約では、字数制限上、主題が際立つように文章を再構成する必要がある。本文では、[22]〜[24]が加わった上で[25]の結論へと続いている構成を意識しよう。文章の主題は「雑草は弱くて強い存在なのだ」と単純には終わらず、「本当の強さ」へと循環していることに気づくことが大切である。解答例は[25]「雑草」と[9]「本当の強さ」とを結びつけることを意識している。

【著者紹介】

◆**稲垣栄洋**　一九六八（昭和四三）年—。農学者・雑草生態学研究者。静岡県に生まれた。農業研究に携わるかたわらで、雑草や昆虫など、身近な動植物に関する著述や講演を行う。この文章は二〇一六年刊行の『植物はなぜ動かないのか——弱くて強い植物のはなし』（ちくまプリマー新書）に収められており、本文は同書によった。

◆**主な著書**　『身近な虫たちの華麗な生きかた』（ちくま文庫）、『たたかう植物』（ちくま新書）など。

建築はあやしい

（本文22ページ）

【解説　関　睦】

【脚問解答】

問1 原爆ドーム

問2 原爆ドームを起点に広島平和記念公園がデザインされたこと。

問3 原爆ドームの修復工事が募金によって行われたこと。

〈解説〉理由を表す文を示す接続詞を知っておくことは重要。評論の場合、筆者の主張には逆説的なものが多く、読者にとってはすぐには納得しにくいこともある。そこで筆者は自分の主張を裏付ける根拠を示すことになる。本文では「というのは」という接続詞が用いられているが、「なぜなら」が一般的であろう。なお、こうした接続語は省略される場合も少なくない。その際には「〜からだ。」「〜ためだ。」「〜のだ。」などが文末にあるかどうかに着目して、理由を示す文であることを確認しよう。

問4 原爆ドームを世界遺産へ登録するため。

問5 建物が破壊されたがゆえに生じた意味。

〈解説〉指示語のさす内容は、原則的に指示語の直前にある単語・語句である。ここでは直前にある「破壊されたがゆえに生じた意味」をさしているが、この部分だけでは「破壊された」主体が欠けていて不明瞭になる。そこで文脈を追ってみると、「破壊された」のは「建物」であることがわかるので、解答では「建物が」を補足している。

【レッツ・トライ！　解答】

1　イ

2　ア

【要約してみよう】

〈解答例〉

建物は破壊され、建物であることをやめたあとでもなお意味を与えられ、生かされつづける。建物には破壊されたがゆえに生じた意味を持つことがあり、それを保持するためには破壊の状態を保存しなければならない。（九八字）

〈解説〉7段落の結論をまとめる。本文は原爆ドームの話題が中心になっているが、筆者は原爆ドームという具体例を通じて、建築のあやしさ（＝妖しさ）・不思議さを述べようとしているのだ。要約の第一歩は、具体例にとらわれず、抽象的な内容を述べている箇所を本文中から見つけることである。

【著者紹介】

木下直之　一九五四（昭和二九）年—。美術史家。静岡県に生まれた。一九世紀の日本美術を専門とする一方、歴史的な建築物や祭礼、見世物文化などに幅広い関心を向け、日本社会・文化全体を論じる。この文章は二〇〇三年刊行の『建築学の教科書』（彰国社）に収められており、本文は同書によった。

◆主な著書　『わたしの城下町——天守閣から見える戦後の日本』（筑摩書房）、『美術という見世物——油絵茶屋の時代』（ちくま学芸文庫）、『戦争という見世物——日清戦争祝捷大会潜入記』（ミネルヴァ書房）など。

ネルソン・マンデラの理想

（本文30ページ）
【解説　神徳圭二】

【脚問解答】

問1 マンデラらの働きかけで内戦突入が回避されたということ。

〈解説〉「内戦突入は確実」に対する逆接になっている点に注目する。「悲観論を見事に反証」とは、「悲観」的な結果（＝内戦）にはならなかったということ。「平和的に新しい憲法を採択した」と踏みこんで説明してもよいだろう。

問2 国際問題を解決するにあたっては人間性、つまり善を持って臨むべきであるという考え。

〈解説〉[8]の冒頭には「国際協力の仕事」とあり、「いろいろな迷いや問題」（三四・17）とある。よって話題は「国際問題の解決」にあると言える。そして、その解決にあたっては、「人間らしさを徹底すべき」「人間らしさを守る」「善を持つことが人間性」との考えが重要であると示される。これらをまとめる。

【レッツ・トライ！　解答】

1 イ

〈解説〉[4]に「対話を行い」、「交渉プロセスの脱線を許さず」に「話し合いによって進歩的な憲法を採択」したとあり、合致。アは[3]、ウは[6]、エは[7][8]の内容と反する。

2 ウ

〈解説〉ア「人間性の尊重」は[8]「人間性を高める」に、イ「粘り強さ」は[4]「不屈の精神」に、エ「覚悟」は[7]「死ぬ覚悟がある」にそれぞれ根拠を求めることができる。ウ「強権」はアパルトヘイト実施下のボータ大統領を表す語（[4]）であり、不適。

3 エ

〈解説〉[1]の末尾に二つの問題提起があり、[6]～[8]での「人間らしさの徹底」がその答えとなる。[2][3]は南アの状況、[4][5]はマンデラの取り組み、[6]～[8]はマンデラの残した教訓が述べられている。

【要約してみよう】

〈解答例〉
復讐や報復ではなく、対話によってアパルトヘイトの撤廃を達成したマンデラ元大統領の理想は、万人に平等で自由な社会を作ることであり、彼を支えた信念は人間を思いやる気持ち、つまり人間らしさの徹底であった。（九九字）

〈解説〉（A）にはマンデラ元大統領が達成した内容が入る。「アパルトヘイトの撤廃」ももちろん偉業なのだが、それを「復讐や報復ではなく対話によって」達成したという手法の素晴らしさも指摘したい。（B）は、[6]の「人間にかけた思いを闘争の原動力としたマンデラ」をヒントに考える。[8]でそれが「人間らしさの徹底」と言い換えられていて、ここも利用したい。

【著者紹介】

◆緒方貞子　一九二七（昭和二）―二〇一九（令和元）年。国際政治学者。東京都に生まれた。日本人として初めて国連高等弁務官を務めるなど、国際連合の数々の要職に携わった。この文章は二〇一四年刊行の『ネルソン・マンデラ――アパルトヘイトを終焉させた英雄』（筑摩書房）に収められており、本文は同書によった。

◆主な著書　『私の仕事』（草思社）など。

「ふと」と「思わず」

（本文40ページ）
【解説　篠原武志】

【脚問解答】

問1 外国語を使う環境

〈解説〉比喩的表現なので、前後の文章の文脈もふまえて答える。一つの言葉の「外部に立つ」、「外から眺めてみる」とは、その言葉の外、つまり「その言語圏の外」と考えられる。したがって、右が答えとなる。

問2 作者が現実世界を離れて、自分の書いている世界に引き込まれる不思議な瞬間。

問3 まわりの世界

問4 何かしようと決心する前に体が勝手にしてしまう、素早い動き。

【レッツ・トライ！　解答】

1　ウ

〈解説〉どのような言語も他言語に比べれば穴だらけであり、しかしその穴を穴として理解しながら文章を書くことが重要と筆者は述べている。したがって、「ふと」「思わず」にうまく対応するドイツ語がないこと＝「穴」に気づくことが自分のためになったというのである。そのことを説明しているウが正解。

2　イ

〈解説〉「待合室」という比喩がどのように使われているか、考えよう。「対応するドイツ語を見つけてあげられないままになっている」ということを、「待合室に取り残されたまま」と筆者は表現しているので、正解はイ。

3　ウ

〈解説〉筆者は4段落で言うべきことはすでに言っているのであり、残りの段落は筆者が日本語作家として頼っていた二つの言葉、「ふと」と「思わず」を具体例に、4段落での主張を説明しているにすぎないのである。

【要約してみよう】

〈解答例〉

他の言語の世界に立つと、言葉は不思議なほど穴だらけであることに気づく。わたしは、「ふと」や「思わず」がドイツ語に翻訳できず苦労したが、言葉の意味・ありがたみや文学との関係がわかり、よかったと思う。（九八字）

【著者紹介】

◆多和田葉子　一九六〇（昭和三五）年―。小説家。東京都に生まれた。一九八二年よりドイツに在住。九三年、『犬婿入り』で芥川賞受賞。九六年、ドイツ語での文学活動に対しシャミッソー賞が与えられた。この文章は二〇〇七年刊行の『カタコトのうわごと』（青土社）に収められており、本文は同書によった。

◆主な著書　『聖女伝説』（ちくま文庫）、『尼僧とキューピッドの弓』『旅をする裸の眼』（講談社文庫）など。

フェアトレードとは何か

（本文48ページ）

【解説　橘　直弥】

【脚問解答】

問1 自分だけでも成り立つ「正しい」という言葉。

問2 「フェア」が双方の合意なしには成り立たない、公正なあり方だということ。

問3 「先進国」の人が「途上国」の人の犠牲のもとに利益や快適さを得ている状態。

〈解説〉「こんな状態」とは、[7][8]で説明されているような状態、ということである。「途上国」の人については、[7][8]の内容から「犠牲」「我慢」「苦痛」などと言い換えることもできる。「先進国」の人については、[9]段落の内容を参考にする必要がある（「大きな利益を得ている企業」「おかげでファッショナブルな服を安く手に入れて喜んでいる先進国の消費者たち」など）。言い換えると「利益・快適性の享受」という内容となる。

問4 経済競争という枠組の中で檻の中に閉じこめられてしまった「フェア」という言葉。

問5 今生きている世代が、未来の世代が生きていくための絶対条件となる環境を壊し、彼らが利用する分の資源まで使い果たそうとしていること。

問6 自分の言い分と、それがよってたつ基準をひとまず横に置いた上で、ということ。

【レッツ・トライ！　解答】

1　ウ

〈解説〉「声なき声を聞く」という表現は[6]「想像力の〝耳〟をもつ」という表現の言い換えである。「声なき声」は、実際になされる苦情や非難、報告などではないということに注意。

2　ウ

〈解説〉ア＝[1]は「具体例」を挙げている、とは言えない。イ＝[5]〜[10]は、確かに具体例を含むが、[2]〜[4]の内容を深く議論するための具体例ではない。エ＝[16]〜[19]は『モモ』のエピソードを示している部分。

現代のトレードのアンフェアを[5]〜[10]で示し、[11]〜[15]でそれを是正するための「フェアトレード」の目標と理念を示しているので、ウが正解。

【要約してみよう】

〈解答例〉

現代世界の人間同士だけでなく、自然界や未来の世代との間の不公正を是正することを目指す「フェアトレード」の実践には、自分の言い分を抑えて相手の言い分を聞き、さらに相手の状況を想像することが必要である。（九九字）

【著者紹介】

辻　信一　一九五二（昭和二七）年―。文化人類学者・環境活動家。「スローライフ」「GHN（国際総幸福）」などのコンセプトを軸に活動を進めている。この文章は二〇一五年刊行の『弱虫でいいんだよ』（ちくまプリマー新書）に収められており、本文は同書によった。

◆主な著書　『ゆっくりでいいんだよ』（ちくまプリマー新書）、『スロー快楽主義宣言！』（集英社）など。

方法としての異世界

（本文58ページ）

【解説 鏑木昌博】

【脚問解答】

問1 気軽に他人を誘うような、他者と友好的に接する感覚。

〈解説〉「死者の日」の祭りにおいて、死者が別の死者を誘うことや、生者の社会で、友人を誘うと別の友人を気軽に誘って人数が増えることをもとに、両者に共通する感覚を簡潔にまとめる。

問2 社会が近代化していく中で、生活を合理化しようとするとき。

〈解説〉直前に「インディオが社会の近代化の中で、生活を合理化しようとすれば」とあることに着目する。

問3 「前近代」と「近代」

〈解説〉直前の「異世界」を手がかりに、これまでの本文の対比的な構造をふまえて導き出す。「異世界」とは、冒頭に登場するインディオの世界なので、それを一般化した語と、それと対比的な語を直前の形式段落から抜き出せばよい。

【レッツ・トライ！ 解答】

1 エ

〈解説〉本文末尾の形式段落（6）に述べられた結論を正しく読み取って判断する。本文では、「前近代」と「近代」のどちらか一方を支持しているわけではないので、アとイは不適。マックス・ウェーバーは、ベンジャミン・フランクリンの精神を解説している人物として出てくるだけなので、ウは不適。

2 イ

〈解説〉本文の構成が、1、2～4、5 6の三部からなることをふまえて判断する。1は具体例の提示にはなっているが、問題提起とまでは言えないので、アは不適。4は2 3の内容をまとめているが、結論を出しているわけではないので、ウは不適。5 6は4までの内容を発展させて結論を述べているが、1の具体例を重視しているわけではないので、エは不適。

【要約してみよう】

〈解答例〉

メキシコの祭りでは、ごちそうを一人分余分に作る。このような「前近代」の価値を否定し、時間を貨幣換算して近代化してきたが、両方の価値を見て異世界を知り、近代の後の社会の可能性を想像することが大切である。（一〇〇字）

【著者紹介】

◆**見田宗介** 一九三七（昭和一二）―二〇二二（令和四）年。社会学者。東京都に生まれた。真木《まき》悠介《ゆうすけ》名でも著作を発表している。社会意識の比較考察から、「時間」や「自己」の根源的論及にまで及ぶ、独自の全体理論を構築している。この文章は二〇〇六年刊行の『社会学入門』（岩波新書）に収められており、本文は同書によった。

◆**主な著書** 『自我の起源』（岩波現代文庫）、『気流の鳴る音』（ちくま学芸文庫）、『現代社会の理論』（岩波新書）など。

ものとことば

（本文68ページ）

【解説　長谷川泰永】

【脚問解答】

問1　人間が作り出し、利用している製品

〈解説〉「自然界には」「膨大な数の」動植物が存在していることと、「人間が作り出し、利用している製品の種類」も「多岐にわたっている」という対比をとらえる。

問2　同じものが、言語が違えば別のことばで呼ばれているという前提

〈解説〉「同じものが、国が違い言語が異なれば、全く違ったことばで呼ばれるという前提」でも可。

問3　[18][19]

〈解説〉設問部分に「かなり違ったものを私たちに提示している」とあり、その「かなり違ったもの」が何かを押さえる必要がある。それは、[18]で「私たちの世界認識の手がかり」と説明され、さらに、[19]で「世界を整理して把握する時に、どの部分、どの性質に認識の焦点を置くべきかを決定するしかけ」と言い換えられている。それを押さえることができれば、正解が導き出せる。文章読解の際には、言い換えられている語句を丁寧にたどることが肝要である。

【レッツ・トライ！　解答】

1　イ

〈解説〉アの後半部分「現実の世界を正しく反映したものではない。」は本文中に書かれていない。また、ウの内容も本文中には書かれていない。エについては「世界を正しく認識する」かどうかは本文中で問題にされていない。正解は、[19]の内容をまとめた「イ」となる。

2　ア

〈解説〉イは「それに添う形で」が不可。ウは、[20]でまとめられているのは[14]～[17]、[21]でまとめられているのは[18][19]なので不可。エは「問題提起」が不可。

【要約してみよう】

〈解答例〉

私たちは、ことばによってものやことを認識し、しかも人間の見地から与えられた、世界のどの部分や性質に認識の焦点を置くべきかを決定する各言語の虚構の分節に従って、連続的な世界を整然と区別して認識している。（一〇〇字）

【著者紹介】

◆鈴木孝夫　一九二六（大正一五）－二〇二一（令和三）年。言語学者・評論家。東京都に生まれた。言語の比較考察を通じて、日本語の特質、ひいては日本文化のあり方まで幅広く考究を行っている。この文章は一九七三年刊行の『ことばと文化』（岩波新書）に収められており、本文は同書によった。

◆主な著書　『日本人はなぜ英語ができないか』『日本語と外国語』（岩波新書）、『日本語教のすすめ』（新潮新書）など。

交易の起源

（本文76ページ）
【解説　橘　直弥】

【脚問解答】

問1　交換というものの起源的な形態
問2　最初の最初はどうだったのかを考えること
問3　交換するものは何でもよかった。
問4　19から23
問5　価値の共有できる人間と価値が熟知されている財を交換することが「交易」なのではなく、そもそもは価値観が違う人間と何かをやりとりすることができた達成感を求めて価値のわからないものを交換しだしたのが「交易のはじまりだ」ということ。
〈解説〉続く一文の「原因と結果を取り違えています」に注目。交易の起源的状態が時間をかけて変化し、現在の「交易」となっているのに、その「結果」である現在の状態をして「交易」の本質としていることに対して「逆だ」と述べている。

【レッツ・トライ！　解答】

1　イ
〈解説〉問題箇所の直後の一文に注目しよう。「〜からです。」とあるように、質問箇所の理由を述べていることがわかる。その中身は、「送られたものの価値が全てわかると相手との取引意欲が減退する」というもの。それを踏まえると、「そう」という指示語は「相手との交易が続いたのはどうしてか」を踏まえて、どういう事態が交易をめぐって起こったのかの中身を受けていると考えなければならない。17〜26全体の内容がそれにあたる。一方、「そうなります」という表現は、あくまでそれまでに書かれた状況に「なる」ことを述べている表現なので、質問箇所以降の内容はここでは考える必要はない。
2　エ
〈解説〉「評論の型をとらえよう！」ならびに「表現と構成」参照。なお選択肢はそれぞれ、ア＝**頭括法**、イ＝**双括法**、ウ＝**反復法**、エ＝**尾括法**という主題の提示法の説明となっている。

【要約してみよう】

〈解答例〉

価値観を共有する人間同士の価値を熟知したものの交換ではなく、価値観が違う人間同士が価値が不明なものを交換し合ったことが交易の起源で、交換を続けるうちに、現在同様価値がわかるものも交換するようになった。（一〇〇字）

【著者紹介】

◆**内田　樹**　一九五〇（昭和二五）年—。思想家。東京都に生まれた。フランス現代思想を軸に、映画や武道、現代社会などについて、鮮やかな切り口と軽妙な文体で、幅広く論じている。この文章は二〇〇五年刊行の『先生はえらい』（ちくまプリマー新書）に収められており、本文は同書によった。
◆**主な著書**　『「おじさん」的思考』（角川文庫）、『街場の現代思想』（文春文庫）、『寝ながら学べる構造主義』（文春新書）など。

余白の美学

（本文86ページ）

【解説　松田顕子】

【脚問解答】

問1　庭一面に咲いた朝顔の花。

問2　何もないことによって、中心となる美を引き立てる空間。

問3　大陸渡来の新技術を知っていたにもかかわらず、日本人が古い、簡素な様式を保ち続けたこと。

問4　余計なものを拒否するという美意識

問5　日本には、金色燦然たる作品においても、中心のモティーフ以外の余計なものはすべて拒否しようという意識があるということ。

【レッツ・トライ！　解答】

1　イ

〈解説〉アは「想像させるために」が誤り。床の間の花を「庭の花の不在によっていっそう引き立て」るために、が正しい。ウは「発達させていった」のではなく、「千三百年以上にわたって保ち続けた。」。エは、「金地」は「華やかな装飾効果を目指すもの」であり、同時に「余計なものを排除する役割」を持つもの。「華やかな飾りとして」というつながりが誤り。

2　ア

〈解説〉イは「主張そのものが変化してゆく」が誤り。本論には、一般論への言及がないため、ウも誤り。エは「起承転結の形式」が誤り。「結」に当たる部分がない。

【要約してみよう】

〈解答例〉

日本には利休の挿話や水墨画に見られるように余計なものを排除することで中心のモティーフを引き立たせようとする美意識がある。たとえ装飾的な絵画であっても金地や金雲が余計なものを排除する役割を果たしている。（一〇〇字）

【著者紹介】

◆**高階秀爾**　一九三二（昭和七）年―。美術評論家。東京都に生まれた。近代西洋美術史を主な研究対象とするが、日本の伝統美術への造詣も深く、幅広い観点から美術・美学を論じている。この文章は二〇一五年刊行の『日本人にとって美しさとは何か』（筑摩書房）に収められており、本文は同書によった。

◆**主な著書**　『ルネッサンスの光と闇』（中公文庫）、『日本近代美術史論』（講談社学術文庫）、『芸術のパトロンたち』（岩波新書）など。

インターネットは何を変えたのか

（本文94ページ）

【解説　井戸　大】

【脚問解答】

問1　今日大きな位置を占め始めている、インターネットを中心とした電子メディア。

問2　従来のメディアにおける著者・情報発信者数が少数だったこと。

問3　紙メディア

問4　何億もの個人のとりとめもない思いや理解や誤解。

【レッツ・トライ！　解答】

1　エ

〈解説〉これは物理的な距離ではなく、比喩的な表現であることに注意。個人は公的に発言する際、「さまざまな困難」や「編集者によるチェック」を経て、その内容や体裁を書き直し、訂正を繰り返して練り上げる。そのような経緯や努力によって乗り越えられる（＝発表に至る）、個人と公との隔たりがこの「距離」である。アは、〈思い〉と〈思考〉の「格差」ではない。「この距離」が〈思い〉を〈思考〉に「練り上げるもの」なのである。イは、「紙メディア」と「電子メディア」の違いではないので不適切。ウは「個人」と「編集者」の違いではないので不適切。

2　エ

〈解説〉正解は12と15の内容を踏まえている。アは、「抗議するため」という、「ツァラトゥストラはこう言った」を著した理由・根拠が不適切。イは、活版印刷術によって著者が「義務を負う」という部分が言い過ぎ。ウは、「言論の自由を実現する」が本文で論じられていないので不適切。

3　ウ

〈解説〉「評論の型をとらえよう！」を参照。評論文の基本的な読解として、本文における二項対立を発見し、その二つを対比しながら読み進める、ということが挙げられる。10以降は従来のメディアとインターネットの対比が明らかで、最終的にネットの問題点にまで言及されている。アは、「従来の解釈とは異なった」が不適切。イは、「批判的な主張を示している」が不適切。エは、「予言の正しさを説明する」が不適切。

【要約してみよう】

〈解答例〉

活版印刷術によってだれもが読者となれたように、現在のインターネットの普及は、だれもが著者となれる事態を生んだ。同時に公私の境は崩壊し、ネット上の個人の思いなどは時に圧倒的な力を持つようになった。（九七字）

【著者紹介】

◆**黒崎政男**　一九五四（昭和二九）年―。哲学者。宮城県に生まれた。人工知能や電子メディアなどのテクノロジーと人間のかかわりについて論じた著作が多い。この文章は二〇〇二年刊行の『デジタルを哲学する』（ＰＨＰ新書）に収められており、本文は同書によった。

◆**主な著書**　『哲学者はアンドロイドの夢を見たか』（哲学書房）、『カオス系の暗礁めぐる哲学の魚』（ＮＴＴ出版）など。

生命現象というシステム

（本文102ページ）

【解説　西村謙一】

【脚問解答】

問1　ゼロテクの主張する「なくす／元に戻す／守る」というのは、エントロピー増大をできるだけ押しとどめる、もしくは秩序を常に再構築する、ということだから、それには膨大なエネルギーとコストがかかることになる。

問2　自らを壊し、そして再構築する

問3　短期間では割高だが、長いスパンで見れば低コストになるシステム。

問4　目先のことだけでなく、何十世代も後のコストのことまで割り出せるようなイマジネーションを持って考えること。

問5　すべての生物は必ず死ぬということ。

〈解説〉「すべての生物は必ず死ぬという利他的なシステム」でも可。

【レッツ・トライ！解答】

1　イ

2　イ

3　ウ

【要約してみよう】

〈解答例〉

ゼロテクが根拠とする短期的な効率主義を超えた有限性の自覚は、生物が採用している動的平衡というシステムに通じるものであり、それは個体の死によって致命的な秩序の崩壊を防ぐことができる利他的なあり方である。（一〇〇字）

〈解説〉最初に確認したいことは、縮約ではないので論の展開通りにまとめなければならないわけではないということだ。本文は、明快な結論らしい段落のない文章だが、主題は明確なのでそれさえ見失わなければ難しくはないはずである。

まず、「ゼロテク」がどのようなテクノロジーなのか、筆者が何をゼロテクの本質としているかをしっかり捉える（A）。その上で、そうしたゼロテクの本質が、生命が選び取ってきたシステム「動的平衡」に通じていることを述べた筆者の論展開をつかみ（B）、そして最後に動的平衡を維持する生命のあり方についてまとめるとよい（C・D）。

【著者紹介】

◆**福岡伸一**　一九五九（昭和三四）年―。生物学者。東京都に生まれた。生物現象を分子レベルで解明しようとする学問である分子生物学を一般向けにわかりやすく説いている。この文章は二〇一一年刊行の『動的平衡2　生命は自由になれるのか』（木楽舎）に収められており、本文は同書によった。

◆**主な著書**　『動的平衡』（木楽舎）、『生物と無生物のあいだ』『世界は分けてもわからない』（講談社現代新書）など。

ボランティアの「報酬」

（本文110ページ）
【解説　吉田　光】

【脚問解答】

問1 何が自分にとって価値があるかは、自分の外側ではなく、自分の内側で決めるものであるという意味。

〈解説〉自分の価値観は、自分の外部にある権威や基準ではなく、自分独自の体験・論理・直感など、自分の内部の基準によって決められると筆者は述べている。いわば、外側からの影響を受けない、閉じた内部で決められるという考え方がされている。

問2 「外にある権威」だけに基づいて行動すること

〈解説〉「つまり」はその前の文を換言（言い換え）する接続詞。ここでの「つまり」は、直前の文をわかりやすく言い換えるためのもの。

問3 相手から何かを学んだと思ったり、だれかの役に立っていると感じてうれしく思ったりする

〈解説〉9では「内なる権威」に基づくこと＝「閉じている」ことについて説明された後で、10行目に「しかし」と逆説の接続詞が来ている。つまり、この「しかし」以降が、「閉じている」ことと対比関係にある物についての説明になるので、「しかし」以降から「閉じたプロセス」と対比構造にあるプロセスを示した部分を抜き出そう。

【レッツ・トライ！　解答】

1 ウ

〈解説〉筆者はボランティアに向けられる「偽善ではないか」という視線に触れてはいるが、「偽善的である」と主張してはいないのでアは不適。また、筆者は、単に「内にある権威」に従って行動することの重要性を論じているわけではないのでイも不適。エについても、筆者はボランティアの動機がどうあるべきかを論じてはいないので不適。7～11の考察をまとめたウが正しい。

2 ウ

〈解説〉本文は、56で「ボランティア」とその「報酬」についていったん結論を述べ（一一・11～17）、その後、7でさらなる問題提起（論点）を示して56の結論の詳細を述べる形になっている。よって正解はウとなる。

【要約してみよう】

〈解答例〉
ボランティアの「報酬」とは自分にとって価値があると思える「内なる権威」に「外にある権威」である他者が応えてくれることであり、それは相手の力との出会いという相互関係の中で与えられる新しい価値なのである。（一〇〇字）

【著者紹介】

◆**金子郁容**　一九四八（昭和二三）年―。情報論研究者。東京都に生まれた。ネットワークの可能性を積極的に説く中で、現代経済社会を論じる。この文章は一九九二年刊行の『ボランティア』（岩波新書）に収められており、本文は同書によった。

◆**主な著書**　『ボランタリー経済の誕生』（実業之日本社）、『コミュニティ・スクール構想』（岩波新書）など。

スポーツとナショナリズム

（本文118ページ）
【解説　塚原政和】

【脚問解答】

問1 われわれがネーションへの帰属に縛られることなく、世界人でありたいと考える願望。

〈解説〉直前の内容を受ける。「そのような願望をこめられる傾向がある」と考えるとよい。

問2 スポーツを個人の実践とみなし、それらの個人を世界中から集めて競技会を開いた場合、ネーションなしで済ませられるかという仮定。

〈解説〉一一〇ページ冒頭の「……済ませられるか。」が、仮想上の問いかけをする形になっていることを押さえる。

問3 重要なことは「個人」と「世界」の関係であって、ネーションではないということ。

〈解説〉規範的な社会や文化構造よりも「個人」の自由や独立を重視するのが「近代主義」の特徴の一つである（一〇九ページの「評論文キーワード」も参照）。

問4 人間が外部を失ったとき（世界化したとき）、ネーションが確立された「個人」と確立された「国際機構」との媒介でしかなくなるという仮定。

問5 ネーション

【レッツ・トライ！ 解答】

1 イ

〈解説〉一一〇ページの4～6行目をまとめたイが正答。ア・ウ・エはそれぞれ本文にはない主張なので不適。

2 エ

〈解説〉一一二ページの12～14行目をふまえたエが正答。アは「国威発揚型のナショナリズムではなく」（同・14）と合致せず、イは問いへの答えになっていない。ウは「これら……適切ではない」（同・5）と合致しない。

3 ア

〈解説〉1～5で論じられる「スポーツによるネーション相対化の可能性」と、6 7の「近代化の表象としてのスポーツ」という論点の双方を押さえたアが正答となる。

【要約してみよう】

〈解答例〉

われわれがネーションへの帰属に縛られることなく、世界人である可能性はないか。ネーションに対する帰属意識や、帰属意識を強制する象徴権力を相対化することのできるスポーツに、その可能性があるのではないか。（九九字）

【著者紹介】

◆多木浩二 一九二八（昭和三）―二〇一一（平成二三）年。思想家・評論家。美術・写真から戦争・身体まで、幅広い領域を思索対称とする。この文章は一九九五年刊行の『スポーツを考える』（ちくま新書）に収められており、本文は同書によった。

◆主な著書 『世紀末の思想と建築』（岩波書店）、『死の鏡』（青土社）、『「もの」の詩学――家具・建築・都市のレトリック』（岩波現代文庫）など。

「脚注・教材解説」「解答編」執筆者一覧（敬称略・五十音順）

井戸　大　：桐光学園中学校・高等学校

鏑木昌博　：大阪教育大学附属高等学校平野校舎

神徳圭二　：灘中学校・高等学校

酒井健司　：清風南海中学校・高等学校

篠原武志　：元・京都府私立高等学校教諭

関　睦　：日本大学櫻丘高等学校

橘　直弥　：灘中学校・高等学校

塚原政和　：日本大学第二中高等学校

西村謙一　：芝中学高等学校

長谷川泰永　：愛知県立一宮工科高等学校

松田顕子　：立教新座中学校高等学校

吉田　光　：東京都立竹早高等学校

図版協力者（敬称略・数字は掲載ページ）

秦麻利子　8，78，79

ＹＨＢ編集企画　「評論の型をとらえよう！」デザイン

アフロ　33

ユニフォトプレス　50，58，88，95，103

ＰＰＳ通信社　51